MONOGRAPHIE

DE LA

COMMUNE DU PRADET

NOTICE

Historique, Climatologique, Géologique et Viticole

PAR

M. V. Louis TRÉMELLAT

Directeur honoraire d'École publique
Officier d'Académie

TOULON

IMPRIMERIE RÉGIONALE

Boulevard de Strasbourg, 56

1898

MONOGRAPHIE

DE LA

COMMUNE DU PRADET

NOTICE

Historique, Climatologique, Géologique et Viticole

PAR

M. V. Louis TRÉMELLAT

Directeur honoraire d'École publique
Officier d'Académie

TOULON

IMPRIMERIE RÉGIONALE

Boulevard de Strasbourg, 56.

1898

AVANT-PROPOS

Ce petit livre que j'offre aujourd'hui à mes concitoyens, n'avait pas été écrit pour être livré à la publicité.

La Société des Viticulteurs du Var m'ayant prié de faire, à l'occasion de la foire-exposition de 1897 à Toulon, un mémoire sur la commune du Pradet avec notice historique, climatologique et viticole, je m'aidai des publications parues sur l'histoire de la Provence, et plus particulièrement des écrits relatifs aux communes du Var. Je consultai les archives et les actes notariés qui pouvaient me renseigner. Je fis appel à mes souvenirs personnels, j'interrogeai les traditions locales, sans lesquelles, souvent les faits les plus intéressants resteraient ignorés, et je fournis ce petit travail que le bureau de la Société des Viticulteurs a bien voulu récompenser en le plaçant hors concours.

Mon mémoire me fut aussitôt demandé par nombre de personnes et d'amis.

Je ne crus mieux agir, pour leur donner satisfaction, que de le faire imprimer.

Les archives communales se trouvent ainsi augmentées d'un document utile.

Ce charmant pays placé entre deux centres importants, Toulon Hyères, et qui s'appelle Le Pradet, aura son historique.

Cette modeste monographie apprend, en effet, les origines récentes du Pradet, relate les différentes phases par lesquelles il a dû passer avant d'obtenir sa séparation d'avec la commune de La Garde, fait connaître sa prospérité commerciale et industrielle, la richesse de son sol et de ses productions culturales, la bonté de son climat, ses sites merveilleux et la beauté de sa côte pittoresque baignée par la mer bleue au panorama inconstant, mais toujours plus beau et toujours plus attrayant.

L. TRÉMELLAT.

MONOGRAPHIE

DE LA

COMMUNE DU PRADET

Historique et Description du Pays

La nouvelle commune du Pradet, primitivement *Pratum Pradel*, tire son nom de son territoire autrefois arrosable par les eaux de fontaine de la Foux et par un béal qui amenait l'eau de la rivière de Gapeau en serpentant dans la plaine. Ce canal actionnait les roues du moulin de Grenouille, dont on voit encore, à cinq cents mètres environ du village, les murs en ruines et la chambre de l'écluse.

Il fut donné au XVIIe siècle par le seigneur de La Garde à la communauté d'Hyères en échange de la Colle-Noire, située actuellement dans le territoire du Pradet.

Il y avait, d'après la tradition, de petites prairies dans tous les champs, comme il en existe encore au quartier de la Foux.

Ces petits prés *(pichoumsprats)* auraient fait Pradel.

Sans nous attarder à toutes les phases qui ont marqué les étapes toujours prospères de ce pays naissant, rappelons seulement qu'en 1856, M. Chevalier, capitaine de vaisseau, alors propriétaire du château de l'Esquirol, fit des démarches actives en vue de l'érection du Pradet en commune. Elles étaient sur le point d'aboutir lorsque, dit la chronique, l'influence d'un de ses chefs habitant La Garde, le réduisit au silence.

Néanmoins, M. Chevalier reçut une demi satisfaction :

Le Pradet fut érigé en section avec adjoint spécial et délimitation du territoire pour le service de l'état civil et l'exercice du culte.

C'était un pas, un pas considérable qui devait servir plus tard de base aux revendications incessantes des habitants de la nouvelle section.

En effet, en 1876, une nouvelle tentative, conduite cette fois par M. Paul Flamenq, consul de Turquie, président de la Société d'Agriculture et d'Acclimatation du Var, adjoint spécial et propriétaire du château Lavoûte (Grenouille), avec l'aide de la population entière, n'eut pas un meilleur sort qu'en 1856.

La municipalité de La Garde déploya une telle opposition en cette circonstance, qu'elle réussit à obtenir du Gouvernement de l'Ordre moral qui régnait à cette époque, une fin de non recevoir à l'encontre de la demande si justifiée des habitants du Pradet.

Enfin dix-huit ans plus tard, les habitants de la section ayant témoigné le désir que la gare de La Garde fût dénommée : La Garde-Le Pradet, rencontrèrent une vive opposition de la part d'une partie de la population du chef-lieu Ce fut le signal d'un nouveau mouvement en faveur de la séparation.

N'avait-on pas au Pradet une mairie, l'état civil, un garde champêtre, une population nombreuse, des écoles, une église, un cimetière, une recette buraliste importante, une société musicale, un cercle, des revenus suffisants, des routes de grande communication et de petite viabilité, des marchands et des industriels de toute sorte ? Il est vrai que l'exhaussement de la chaussée du chemin de La Garde au

Pradet et le tunnel du pont de la Clue avaient fait disparaître la principale cause invoquée en 1856. Nous voulons parler des inondations de la plaine qui interceptaient souvent, à cette époque, les communications entre les deux pays.

Mais Le Pradet avait grandi, et les rapports entre les habitants des deux sections étaient nuls. On n'allait pas à La Garde, pas plus que de La Garde on ne venait au Pradet pour acheter ou pour y vendre quoi que ce soit ; les deux sections vivaient complètement séparées et l'on ne se rendait au chef-lieu de la commune que pour des affaires administratives. Les habitants du Pradet manifestaient hautement leur désir de ne pas demeurer plus longtemps les tributaires de la commune de La Garde.

M. Paul Flamenq se plaça de nouveau à la tête du mouvement ; il allait encore se rencontrer avec des adversaires que les circonstances ou les influences avaient déjà servis contre Le Pradet. La lutte serait chaude ; elle le fut en effet. Le parti républicain avancé de La Garde se mit de la partie pour contrebalancer l'appoint que donnait au Pradet son libéralisme de tout temps affirmé.

M. Raspail, député du canton est de Toulon, partagea l'avis des pétitionnaires et promit son concours. Le député Abel qui succéda à feu Raspail trouva la cause juste, ainsi que le sénateur Anglès qui l'avait déjà défendue en 1876 au Conseil général.

M. Riquier, conseiller d'arrondissement et commissaire-enquêteur, fit un rapport favorable.

Les habitants du Pradet et ceux de La Garde, depuis leurs dépositions à l'enquête, soutenaient chacun passionnément leur cause.

Les opposants sentaient que distraire Le Pradet de La Garde, c'était enlever à celle-ci le plus beau fleuron de sa couronne. Mais les pétitionnaires savaient aussi que Le Pradet érigé en commune c'était l'émancipation, et avec elle la direction des affaires communales et l'administration de leurs revenus. Aussi les discussions furent vives, les démarches nombreuses et actives, les brochures, la plupart écrites avec un véritable talent, ainsi que les articles de journaux, alimentèrent et intéressèrent la curiosité publique pendant tout le temps que dura la préparation du volumineux dossier de l'affaire.

Finalement, les conseils élus donnèrent un avis favorable au pétitionnement des habitants du Pradet, les Chambres prirent ces avis en considération, et une loi promulguée le 20 juin 1894, déclara que Le Pradet serait érigé en commune distincte de celle de La Garde. Les bois communaux seuls demeuraient indivis.

La bataille était terminée, les vainqueurs ne tiendraient aucune rancune aux vaincus, et ceux-ci acceptaient, comme il convient, le fait accompli.

Les deux communes allaient vivre de leurs propres ressources, l'une à côté de l'autre, entretenant entre elles des rapports de bon voisinage.

Cette heureuse décision prise par les Chambres et le Gouvernement de la République, grâce aux efforts incessants de la population et au dévouement sans bornes d'un homme qui mit au service de cette cause son talent et sa fortune, fit un devoir à la population pradétane reconnaissante, de décerner à son bienfaiteur, le titre de premier Maire du Pradet, et lorsqu'il mourut, le Conseil municipal décida que pour perpétuer le souvenir de sa mémoire, la principale place publique du pays porterait le nom de : place Paul-Flamenq.

La commune du Pradet, d'une population d'environ 1.300 habitants, est située exactement sur le 43° 5' 20" de latitude

nord et le 3° 44' 12" de longitude est. Son territoire, d'une
étendue de 969 hectares, se trouve sur le littoral méditer-
ranéen à proximité de Toulon, confrontant les communes de
Carqueiranne, La Crau et La Garde ; elle est traversée par
la ligne 42, route départementale qui la met en communication directe avec Toulon et Hyères. Elle est sillonnée
de chemins vicinaux et ruraux qui facilitent l'exploitation de son sol fertile, elle est arrosée par les eaux de la
Foux et par la rivière de l'Eygoutier qui limite son terroir
au nord, et elle est desservie par un service régulier d'omnibus, dirigé depuis plus de quarante ans par **Frédéric Lombard**, le fils du Père Lombard, un des fondateurs du Pradet,
le fabricant de tuiles qui donna dans le pays un si grand
développement à cette industrie. Ce service, quoique parfois
insuffisant, est d'une grande utilité, en attendant que le
chemin de fer d'Hyères à Toulon apporte de nouveaux
éléments de progrès dans ce pays d'avenir.

Le Village

Le village est bâti un peu irrégulièrement, à une altitude
de 30 mètres, sur le flanc nord d'une colline regardant La
Garde, son ancienne suzeraine.

Ce pays n'existait pas avant la Révolution.

A peine dans les actes publics est-il parlé, vers le XVII\ :sup:
siècle, du quartier du Pradel sur le chemin de Carqueiranne.
Il est à 916 kilomètres de Paris, 75 kilomètres de Draguignan, 7 kilomètres de Toulon et 1.600 mètres de la gare
P.-L.-M.

Au centre du village s'élèvent la mairie, le groupe scolaire
de construction récente et le pensionnat Saint-Joseph. C'est

là qu'est le bureau des omnibus. Sur la place Paul-Flamenq se trouvent l'église, très coquette, du style romain, la recette buraliste et le bureau de poste et télégraphe.

Par acte public du 20 mars 1791, les sieurs Louis-Thomas Fournier, boulanger; Jean-Baptiste Bernard, propriétaire; Louis et Joseph Lombard, tuiliers; Jacques Bernard, cultivateur, et Detty, capitaine de vaisseau de guerre français, formaient une association pour acquérir une terre limitée par le chemin de Toulon à Carqueiranne et le chemin de La Garonne, dépendante de la chapellerie de Sainte-Anne de La Valette et vendue aux enchères par devant les administrateurs du district de Toulon, en conformité du décret de l'Assemblée nationale. Le sieur Louis-Thomas Fournier fut délégué pour procéder à l'achat, au nom de la société qui devait bâtir sur une partie de cette terre une chapelle pour l'usage du culte.

L'administration du Directoire du district de Toulon n'accorda pas l'autorisation et la chapelle ne fut pas construite.

Les habitants qui, depuis 1679, fréquentaient la chapelle du château de messire de Catelin, à l'entrée du hameau, continuèrent à y exercer leur culte jusqu'en 1841.

Mais, sur le terrain acquis, Fournier établit une boulangerie, Lombard une tuilerie, d'autres montèrent un café, une épicerie et, plus tard, une maréchalerie; ce furent les fondateurs du petit hameau qui devait être un jour le village du Pradet.

La place, qui n'était alors dessinée que par quelques maisons, s'agrandit insensiblement au point qu'en 1841 les sieurs Laurent Piston, Vidal, Marie Roubeuf, Suzanne Fournier et Raynaud décidaient par acte public que tout le terrain spacieux existant entre les deux lignes de maisons déjà bâties, serait transformé en place publique donnant accès à l'église qu'on allait construire sur ce terrain.

Un acte datant de 1847 réglait définitivement les droits de la commune et des propriétaires donateurs de la place. C'est en vertu d'un paragraphe de cet acte, qu'en 1868, les sieurs Augier, alors adjoint spécial, et Broquier, négociant en vins, faisaient élever un mur à l'extrémité de la place, interceptant ainsi complètement l'accès de l'église que l'on construisait sur le terrain de M. Mège.

La commune recula devant un procès qu'elle aurait peut-être gagné, et donna en échange de la démolition de ce mur, à chacun de ces deux propriétaires, une indemnité et un emplacement qu'elle acheta pour la construction d'une maison à la suite de celles qu'ils possédaient déjà.

D'autre part, M. Mège, sous-commissaire de marine en retraite, avait donné les terrains nécessaires à la construction de la nouvelle église, élevée en remplacement de celle édifiée en 1841, récemment effondrée, et M. Joseph Fournier, négociant en vins, cédait à la commune tout l'espace de terrain situé entre l'ancienne église et la nouvelle, agrandissant ainsi la place Paul-Flamencq d'un bon tiers de sa grandeur totale, et la faisant ce qu'elle est définitivement aujourd'hui, grande, spacieuse et ombragée de beaux platanes.

Toutefois, M. Fournier se réserva, par acte administratif dûment enregistré, le droit de passer à pied et en voiture sur le terrain communal de la place pour se rendre à ses maisons, sises à l'est et à l'ouest de l'église. Quelques années plus tard, la municipalité (administration E. Blanc et P. Deprat), lui contesta ce droit et les hoirs Fournier eurent à soutenir contre ceux-là mêmes qui avaient fait le contrat, un procès qu'ils gagnèrent en Tribunal de première instance de

Toulon et en Cour d'appel d'Aix. La commune fut condamnée aux frais, dépens et dommages-intérêts.

Cet argent si capricieusement dépensé, eût trouvé plus utilement et plus sagement place ailleurs.

Entre temps, on bâtissait de nouvelles maisons, un groupe scolaire, une mairie (1882), et aujourd'hui ce village possède, indépendamment de ces édifices publics, un bureau de poste et télégraphe, des établissements publics, des ateliers de tous les corps d'état, ainsi que des magasins de toute sorte.

Le Terroir

Le territoire du Pradet est accidenté mi-partie plaine, côteaux et collines ; il est sillonné de routes de grande communication et de chemins vicinaux et ruraux qui desservent tous les quartiers et toutes les nombreuses habitations disséminées dans les champs ; car, dans ce pays, le cultivateur a l'habitude d'établir sa demeure sur la terre qu'il exploite et de réunir sous sa main tout ce qui est nécessaire à la culture de son champ, de la viticulture surtout, dont il fait sa principale occupation.

Ces chemins desservent aussi de coquettes habitations où, le dimanche, le citadin vient se reposer des fatigues de la semaine et pendant l'été prendre des bains de mer ou respirer l'air pur de la campagne, rafraîchi par la brise de mer et embaumé par les senteurs de nos essences et des plantes exotiques qui poussent partout avec exubérance sur notre littoral.

La Côte

LA GARONNE

La mer n'est qu'à un kilomètre du Pradet, on s'y rend par une route annexe à la ligne 42 qui conduit directement au golfe de la Garonne où l'on trouve, baignés par la mer, les restes d'une ancienne construction qu'on nomme le Magasin, bâtiment qui a pu servir autrefois de réserve aux pêcheries seigneuriales et dans lequel on enfermait, sans doute, les engins de pêche.

Le quartier de la Garonne est très abrité, les arbres et les plantes de tous les pays y poussent en plein vent, le mimosa y devient énorme, l'oranger y prospère en pleine terre et le dattier mûrit quelquefois ses fruits.

De nombreuses villas s'élèvent dans ce riant quartier pourvu d'une boîte aux lettres, d'un café, d'un épicier et qui attend un port de refuge, à côté d'une jolie plage aux rides dorées toujours effacées et toujours retracées par les grandes vagues ou par les caresses d'un léger flux et reflux qui vient déposer sur ses bords son écume argentée.

C'est dans le golfe de la Garonne qu'en 1707 vint mouiller la flotte ennemie, composée de quarante-huit voiles de premier rang, et près du Magasin qu'elle débarqua les canons, les munitions et les vivres nécessaires à l'armée du duc de Savoie, forte de quarante mille hommes, venue dans la plaine entre La Valette et la mer, pour assiéger Toulon.

La côte qui limite la commune du Pradet est très accidentée et des plus pittoresques, ce ne sont que : anses, criques, plages, caps, calanques, promontoires (cap de Carqueiranne) et falaises. Elle est couverte de plantes marines et de pins que les vents ont courbés, formant avec leurs bran-

chages des abris recherchés par les pêcheurs. Ces contras-
tes charment la vue et font de cette côte une des plus belles
qu'on puisse voir.

En 1814 ces parages ensoleillés assistèrent, témoins muets,
au combat héroïque du *Romulus*, vaisseau de guerre français, attaqué par trois navires anglais de 120 canons.

Le brave commandant Rolland fut dangereusement blessé ;
mais il réussit à faire passer son vaisseau vergue contre
bord, sous le fort Sainte-Marguerite, tenant tête, par un feu
nourri, à l'ennemi supérieur en nombre et à mettre hors
poursuite le *Romulus* qui se réfugiait dans la rade de Toulon.

De nos jours, les nombreux canons répandus dans nos
batteries sauraient faire entendre leur voix formidable, pro-
téger utilement nos navires et, espérons-le, empêcher l'entrée
d'une escadre ennemie dans notre grand port de guerre.

PIN-DE-GALLES

Pin-de-Galles est un bois communal indivis entre La Garde
et Le Pradet. Le peintre Courdouan habitait Pin-de-Galles
une grande partie de l'année, autrefois Cros-des-Pins,
endroit charmant ombragé de gros pins qui poussent contre
la falaise à pente verdoyante, accessible par un sentier cou-
vert qui conduit d'abord à une charmante habitation, que les
délices du lieu ont fait appeler par les gens du pays : Le
Petit Monaco. Ce sentier serpente ainsi jusqu'au bord de la
mer, où se trouve une petite plage et une calanque entourée
de rochers, petit port qui sert d'abri aux bateaux des amateurs de pêche habitant ce quartier très fréquenté par les
baigneurs et les amateurs de *faoucado*.

LE CANNIER

En se dirigeant vers l'est, on rencontre Le Cannier, petite crique au-dessous de San-Peyré, formée par un ruisseau aux rives ombragées par des roseaux, se jetant dans une anse remplie de petits galets.

LE VAISSEAU

Le Vaisseau, ainsi dénommé dès le XIVe siècle, dont les rochers qui s'avancent dans la mer ont la forme de la coque d'un navire échoué, très renommé comme poste de pêche. La Raugnoua, roche à aspérités rugueuses.

BONNETTE OU VAL BONNETTE

Anse très prononcée dont le rivage est une longue plage, rendez-vous des baigneurs, principalement des habitants de La Garde et de La Valette ; entièrement abritée du mistral, lieu ravissant aussi bien l'hiver que l'été, par la douceur de son climat, de ses eaux tranquilles et des falaises toujours verdoyantes qui l'encadrent.

Le paysagiste Aiguier, comme Courdouan à Pin-de-Galles, habitait une grande partie de l'année sa bastide qui émergeait des grands pins aux rameaux toujours verts et d'où il fit sortir ses chefs-d'œuvre.

C'est dans un cabanon situé à Bonnette que Murat, après la défaite de Waterloo, se tint caché pendant plusieurs jours en attendant l'occasion propice pour se rendre en Corse, et à Pin-de-Galles qu'il aperçut un petit bateau monté par Martin Niel, cultivateur habitant le voisinage, à qui il demanda de vouloir bien lui procurer le plaisir d'une promenade en mer.

Niel accepta ; mais une fois sorti du port, Murat le pria de le conduire jusqu'à une tartane qui croisait à quelques enca-blures du rivage. Le batelier hésitait ; mais Murat l'ayant menacé de son pistolet, il fallut obéir. Pour prix de sa peine, il reçut deux pièces de 40 francs. — La famille Niel habite encore Le Pradet.

La Guérite, Magnan, La Vaquette, Le Moulin. La Fontaine de Saint-Jean, Le Banquaou, La Petite Oursinière, L'Escalier de Veïré, La Plane et le Pas dei Gardens, sont autant de points connus par nos amateurs de pêche.

L'OURSINIÈRE

La Grande Oursinière, où se trouve un petit port de ce nom, port naturel très abrité, mais ne pouvant recevoir que des bateaux de pêche.

Cet endroit du bord de la mer est habité par des pê-cheurs dont on voit les cabanes parmi quelques coquettes habitations.

LA POINTE DE CARQUEIRANNE

La Pointe de Carqueiranne, promontoire et falaises abruptes, contre-fort de la Colle-Noire, point le plus méri-dional de la côte depuis l'embouchure du Rhône jusqu'à Gênes.

Ce promontoire, sur lequel on a construit une batterie, porte aussi le nom de Croix dé Signaou, que les marins aperçoivent de loin.

Ces falaises rappellent celles de Sainte-Adresse fort remar-quables et très visitées par les étrangers. Celles de la Pointe de Carqueiranne sont plus abruptes et plus imposantes encore.

LA COLLE-NOIRE

La Colle-Noire est une montagne en cône de **307** mètres d'altitude, elle est couronnée d'un fort qui entretient une petite garnison et de plusieurs batteries ; elle est couverte de pins, de chênes liège, de chênes blancs, de lentisques, d'arbousiers, de bruyères, de cistes, de thyms et de romarins. Elle fournit beaucoup de champignons et renferme des débris volcaniques, une mine de plomb argentifère, exploitée autrefois par les Romains et en ces derniers temps par une société marseillaise.

On peut voir encore près de La Vaquette, dans le golfe de la Garonne, le débarcadère qui servait au transbordement du minerai que la Compagnie envoyait en Angleterre pour y être traité.

A l'Oursinière, sur la côte, au-dessous de la batterie de Carqueiranne, la marine a construit un poste de projecteur électrique.

Du sommet de la Colle-Noire on a le plus beau panorama que l'on puisse rêver : à l'ouest Toulon, notre grand port maritime, La Seyne, les Forges et Chantiers de la Méditerranée, la batterie des Hommes-sans-Peur, Tamaris, Saint-Mandrier et plus loin Notre-Dame-de-la-Garde, les forts de Six-Fours et des Gros-Cerveaux, sentinelles avancées sur la route de Paris, et les forts qui couronnent le Faron et Coudon.

A l'est Hyères, la ville des palmiers, les Salins, les Iles-d'Or et la Corse qui se perd dans la brume, mais que l'on distingue bien par un ciel sans nuage.

Au sud l'immensité, la Méditerranée avec ses eaux tantôt calmes et tantôt courroucées se prolongeant vers un horizon sans fin.

Au nord, une plaine verdoyante, accidentée, large vallée parsemée de nombreux villages, sillonnée par le chemin de fer P.-L.-M. et bordée par les collines des Maures et par les dernières ramifications des Alpes.

Châteaux

CHATEAU DE LA CIBONNE

Cet ancien domaine est situé dans le joli quartier des Pinèdes (aujourd'hui la Cibonne) tout près de la Colle-Noire, et desservi par le chemin des Ardouvins qui conduit également au Cannet-Bas. — Ce bâtiment se compose d'un corps principal et de deux avant-corps formant ensemble une façade de 28 mètres exposée au midi, regardant d'un côté la mer et de l'autre les champs de vigne qui l'entourent, avec Toulon et ses hauteurs au fond d'une vallée qui se déroule vers l'Occident. La route de Carqueiranne et le Mont-Paradis au fond de celle qui s'étend vers l'Orient. Sur le claveau d'une porte cochère latérale, ainsi que sur celui qui donne accès dans la cour, est gravé le millésime 1662.

En 1623, ce domaine fut acquis par Louis Valavielle à Gaspard Sibille.

En 1787, messire Cibon (Jean-Baptiste), ancien capitaine de vaisseau, s'en rendit acquéreur et le château prit le nom de Cibonne.

Après 1889, la vaste propriété de la Cibonne fut morcelée et vendue par l'Etat à divers particuliers.

Le château, un peu réparé par les propriétaires actuels, Vidal et Gondran, est habité en partie; on y remarquait, il y a quelques années encore, de la vieille tapisserie et des écussons antiques.

CHATEAU DE GRENOUILLE

Ce château est formé d'un corps principal et de quatre tours ou pavillons carrés.

La chapelle, dans laquelle avaient été faites autrefois des peintures d'un grand prix, est abandonnée depuis longtemps ; elle fut d'abord coupée longitudinalement, puis occupée par les fermiers du château ; à peine sert-elle encore aujourd'hui pour emmagasiner des instruments de jardinage. Ce château faisait partie de la seigneurie de La Garde. En 1654, messire Laminois l'acheta du seigneur Gaspard deuxième de Thomas. Sa fille, veuve de messire de Mons, chef d'escadre, laissa son domaine à messire Martiny d'Orvès, qui le revendit le 24 août 1741 à M. Joseph Lavoute, plus tard maire de La Garde ; celui-ci le vendit à M. Paul Flamenq, qui le garda jusqu'à sa mort, après quoi il passa entre les mains de Mlle de Fabry, propriétaire actuelle.

Ce château porta longtemps le nom de château Lavoûte. M. Flamenq y fit de grandes améliorations, non dans le corps principal qui est demeuré le même, mais dans les dépendances : remises, écuries et logement des fermiers qu'il fit construire à neuf, ainsi que dans la culture où il réunit l'utile à l'agréable.

CHATEAU DE L'ESQUIROL

Ce bâtiment du XVIIe siècle est élevé sur un rectangle allongé et flanqué de deux pavillons latéraux en saillie seulement au-dessous du corps principal. Il appartenait au XVIIe siècle à messire Ricaud, qui le donna en dot à sa fille. Celle-ci eut une enfant, Mlle Gabrielle Raison, qui épousa le marquis de Coriolis le 24 septembre 1725. Ce château devint alors la propriété du marquis et en 1765 il appartenait à son fils, César de Coriolis, lieutenant de vaisseau, qui l'avait encore en 1789. M. Marquésy, membre de l'Assemblée nationale, l'acheta en 1796.

On raconte sur son compte une légende qui expliquerait la grande épaisseur des murs de cette maison. Le sieur Marquésy, obligé de fuir pendant la Révolution, n'aurait pas quitté son château. Lorsqu'on venait pour le saisir, on ne le trouvait jamais, tandis qu'on l'apercevait quelquefois à la croisée de sa chambre en bonnet de coton ; il se cachait, paraît-il, dans l'épaisseur des murs qui sont bâtis à double, et de là il gagnait un souterrain connu seulement de lui.

M. Chevalier, capitaine de vaisseau, en devint le propriétaire ; il appartient actuellement à la famille Borel.

Le domaine du château s'étendait autrefois jusqu'au quartier des Clapiers. Quoi qu'il soit aujourd'hui beaucoup diminué, il n'en constitue pas moins encore une des jolies propriétés du Pradet.

CHATEAU DU PRADET (Clos Meunier)

Le château du Pradet, connu jusqu'en ces derniers temps sous le nom de Clos Mallard, appartenait en 1667 à noble Joseph de Catelin, coseigneur de La Garde, conseiller et secrétaire du roi au Parlement de Provence ; il avait épousé la sœur de Jules-César de Thomas, seigneur de La Garde ; son fils aîné Hyacinthe-Joseph, capitaine de l'infanterie des vaisseaux, mourut en 1735 ; le fils cadet, capitaine de vaisseau, hérita de la co-seigneurie, il la reporta à ses descendants qui la conservèrent jusqu'en 1788 — M. Mallard, un des acquéreurs du domaine, l'a gardé jusque vers 1862 et l'a revendu à cette époque à M. Meunier, le grand-père du propriétaire actuel.

La propriété du Clos Meunier est une des plus jolies que l'on puisse voir, toute en plaine formant un grand clos rectangulaire d'environ 30 hectares entourés de murs.

Le château, dans le centre même du village, auquel on arrive par une double haie de platanes, est bâti sur deux étages et avait autrefois de nombreuses dépendances, telles que : colombier rond à pied, régale, ménage, bergerie, écurie, grande cour, moulin à huile et chapelle, celle-ci bâtie sur le bord de la route de Toulon à Carqueiranne. Elle servit d'église aux habitants du Pradet jusqu'en 1841, époque à laquelle on éleva l'église du Pradet sur la place principale du pays. M. Meunier a fait subir à la culture du champ et aux dépendances du château d'importantes améliorations.

Plus loin, dans l'étude spéciale que nous consacrons à la viticulture, nous citerons les noms des propriétaires de champs assez vastes pour récolter plus de 5 ou 600 hectolitres de vin et dont l'habitation, sans être un château historique, n'en est pas moins importante, de joli aspect et digne d'être visitée, surtout au point de vue de l'outillage viticole, telles que : l'Arlaude ; la Bayette, aujourd'hui à M. Ganzin, ayant appartenu à M. Christophe Colomb, un des descendants, dit-on, du grand navigateur ; la Gravette, que M. Aiguier a achetée à M. Augier de Maintenon, probablement parent éloigné de la veuve du poète Scarron, femme de Louis XIV; la Guberte, la Crapaude, la Mérizane, la Combe, la Moutette ou la Cavelière, presque dans Le Pradet, achetée par Mme Marc et son neveu à M. G. Mège. Cette dernière, remarquable par les tonneaux en pierre qui y furent construits au XVIIe siècle, encore très bien conservés, ainsi que le cadran solaire et les silos qui peuvent contenir cent charges de blé; le mur est de la maison est en écailles. Ce fut l'habitation de plaisance de la chapellerie de Sainte-Anne de La Valette. On voit encore, au quartier de l'Aragan, la promenade bordée de grands pins parasols et de châtaigniers que les moines allaient arpenter en lisant leur bréviaire, ainsi que le sentier qui les conduisait aux bains de mer.

Climat

Le climat de ce pays est un des plus beaux et des plus agréables du littoral.

La plaine possède une température uniforme, un air sain et rarement froid ; elle est limitée pour Le Pradet au nord par la rivière de l'Eygoutier jusqu'au pont de la Clue qui fut construit en 1477 et élargi en 1782. La colline de la Clue fut percée au XVe siècle pour permettre l'écoulement des eaux qui inondaient la plaine et la rendaient insalubre. L'écoulement par les grandes pluies ne s'effectuant pas assez rapidement, on perça, il y a quelques années à peine, tout près du pont de la Clue, un tunnel qui va déverser le trop plein de la rivière, dans la mer aux environs de la jolie villa la Germaine.

La plaine est donc assainie et l'on peut y jouir en toute sécurité de la bonté de son climat.

Les coteaux sont embaumés des senteurs de plantes aromatiques, des essences des pins, du mimosa et de l'eucalyptus.

Le versant sud regardant la mer et les bords du rivage jouissent d'une température douce en hiver et rafraîchie l'été par la brise méditerranéenne. Aussi, les habitants du Pradet se font-ils généralement vieux et les naissances sont-elles toujours plus nombreuses que les décès.

Chaque année on voit de nouvelles constructions s'élever dans ces quartiers charmants pour donner asile à des commerçants toulonnais ou à des retraités de la marine qui ne peuvent se lasser de voir cette mer aux souvenirs tragiques, leur retraçant les dangers courus, les émotions du départ et les joies du retour ; avec laquelle ils désirent encore vivre et à qui ils veulent adresser le dernier adieu.

Commerce et Industrie

Les habitants du Pradet sont essentiellement commerçants, ils tirent parti de tout ce que leur donne la terre et de tout ce qui peut être vendu.

La proximité d'un grand centre facilite leur vente et leur permet de se créer des revenus de produits qui n'auraient pas d'écoulement ailleurs.

On trouve au Pradet nombre d'épiciers, de bouchers, de boulangers, de cafetiers, de marchands de poissons et un commerce important de grains, de fourrage, d'échalas et d'engrais ; mais ce qui domine, c'est le commerce des vins, car, indépendamment des propriétaires qui, ne vendant pas leur vin en cave, le détaillent en ville, il y a des commerçants qui en débitent sur la place de Toulon et ailleurs des quantités considérables, et contribuent ainsi puissamment à la bonne renommée du produit de nos vignobles.

Comme industrie, nous pouvons citer : la maréchalerie et des forges très actives, la tonnellerie, la charronnerie, la sellerie, la menuiserie, la serrurerie, des moulins à huile un peu éteints par suite de l'arrachage des oliviers remplacés par la vigne.

Enfin, nous comptons au Pradet cinq tuileries fort occupées à la fabrication de briques, moellons et tuiles de toutes sortes et de toutes dimensions, fort achalandées et occupant un grand nombre d'ouvriers.

Abstraction faite de la viticulture, dont nous parlerons plus loin dans un chapitre spécial, la terre du Pradet fournit à peu près tout ce qu'on lui demande. Qui ne connaît les fèves et les petits pois du Pradet toujours enlevés les premiers sur le marché de Toulon, les oignons de La Garde que l'on récoltait autrefois au Pradet lorsque le quartier de la Foux était naturellement arrosable.

Les primeurs de toutes sortes : artichauts, fèves, petits pois, haricots, pommes de terre, etc., sont une grande ressource pour nos cultivateurs.

Les fleurs, telles que : muguets, jacinthes, roses thé, mimosa, violettes poussent en abondance et donnent des produits rémunérateurs à ceux qui se livrent à ce genre de culture.

On cultive peu ou pas de blé et la production d'huile est devenue presque insignifiante.

La culture maraîchère réussit bien et les quelques jardiniers qui exploitent leur terre dans ce sens, en les arrosant au moyen de norias, n'ont pas lieu de se plaindre des produits qu'ils obtiennent.

Enfin, on y récolte beaucoup de fruits : l'amandier, l'abricotier, le pêcher, le jujubier, le grenadier, le figuier, le pommier, le poirier, le néflier et le kaki prospèrent dans les champs.

Si dans la Colle-Noire nous trouvons les essences que nous avons déjà énumérées, dans la plaine, sur les bords des ruisseaux et sur ceux de l'Eygoutier, on y trouve le saule, le frêne, l'aulnier, le peuplier, le canéou, et comme plantes : la berle, le plantain et le cresson. Sur la place publique et sur les routes, le platane et l'acacia, et partout les arbres

exotiques dont nous avons parlé, tels que : palmiers, oran-
gers, etc... Enfin, nos champs seraient couverts, si on ne les
arrachait, de plantes aux fleurs multicolores, telles que :
l'aconit, l'arum, la bourrache, le géranium, la chicorée, le
chiendent, le coquelicot, la reine marguerite, la ficaire, l'ané-
mone, la clématite, la fumétaire, le glaïeul, la tulipe, le
gaillet, la gentiane, la mauve, la menthe, le mouron, le
nuscari, la nigelle, la prelle, le pissenlit, la douce
amère, etc...

Archéologie

Au quartier de la Gravette, près du chemin qui conduit à
San-Peyré, on voit une carrière de pierres dans laquelle on
a découvert quelques pièces de monnaies anciennes ; le propriétaire de cette carrière, en défonçant un terrain non loin
de là, a mis à jour des tombeaux gallo-romains formés de
tuiles plates à rebords et une ancienne carrière dans laquelle
des outils avaient été oubliés par ceux qui l'exploitaient.

Sur les terres de la Guberte, dans le même quartier, on
trouve des fragments de vases et de tuiles de l'époque gallo-
romaine. Le nom de Gravette a été donné à ce quartier à
cause, sans doute, de la quantité de petites pierres qui
couvrent son sol et qui auraient été extraites de l'ancienne
carrière trouvée dans la propriété Laugier.

Au quartier de San-Peyré, sur le sommet de la colline qui
se trouve vis-à-vis et non loin de la Gravette, presque sur le
bord de la mer, on remarque de vieilles ruines desquelles
ont été extraites des monnaies anciennes, des débris de
mosaïques et certains fragments d'objets gallo-romains ; on
y remarque surtout une vaste citerne dont le fond est formé

de deux différentes couches de béton superposées l'une à l'autre.

Les Templiers auraient établi, au XIIe siècle, un poste d'observation sur les restes mêmes d'une opulente villa gallo-romaine, dont les vestiges dénotent la préexistence en ces lieux enchantés.

Enfin, sur plusieurs autres points du territoire, tels que les quartiers de la Foux et de la Garonne, on trouve des traces qui indiquent que les gallo-romains ont habité ces lieux ; mais il faudrait faire des fouilles pour obtenir d'autres preuves.

Administrateurs et Fonctionnaires

ADJOINTS SPÉCIAUX

En 1856, le hameau du Pradet étant érigé en section distincte de la commune de La Garde, le Gouvernement nomma un adjoint spécial chargé de recevoir les actes de l'état civil et de faire la police locale.

Le premier adjoint spécial fut (juin 1856 à septembre 1857) M. Reboul, maître maçon, avec M. Giraud comme secrétaire. La salle de l'état civil fut provisoirement installée dans un appartement de la maison de ce magistrat, route de la Garonne. M. Reboul était bon et pacifique.

1857 à 1860. — Le deuxième adjoint spécial fut M. Fournier aîné, maître boulanger, avec M. Conne comme secrétaire. La salle de l'état civil fut installée au premier étage de la maison Madon, sur la route de Carqueiranne à Toulon, où elle demeura jusqu'au jour de la construction de la maison communale.

M. Fournier était un bon père de famille que chacun regretta vivement après sa mort.

1860 à 1862. — M. Augier dit le Loup, succéda à M. Fournier, avec M. Conne et plus tard M. Courbon comme secrétaire. C'est pendant sa gestion que s'écroula l'église qui avait été construite sur la place en 1841, et à cette époque que l'on construisit celle qui existe encore aujourd'hui, et qu'on éleva sur la place le mur qui en interceptait l'accès. M. Augier avait un caractère très énergique, la construction du mur sur la place ne lui attira pas de sympathie.

Du mois d'août 1862 au mois de septembre 1865, il y eut une sorte d'interrègne.

Le maire d'alors n'admettait que difficilement cet adjoint spécial au Pradet ; c'était pour lui une sorte d'Etat dans l'Etat, il fallait supprimer l'adjoint spécial. La chose n'étant pas possible il se chargea lui-même, et il en chargea plus tard ses adjoints, de signer les actes de l'état civil de la section et de venir à des jours fixes s'occuper de la police. Ce service fut donc fait d'abord par le maire de La Garde, M. Marius Olive, puis par son adjoint, M. Pierre Gaillard, et enfin par son autre adjoint, M. Eugène Blanc.

En septembre 1865, M. Paul-Antoine Deprat, retraité de la marine, fut nommé adjoint spécial, et remplacé au 4 septembre 1870, pendant environ un mois, par M. Benjamin Reynier, propriétaire au quartier de Pouverel.

M. François Piston, maître de la marine en retraite, succéda à M. Reynier en octobre de la même année, avec M. Trémellat pour secrétaire, il mourut à la tâche le 27 mars 1871. M. Piston, pendant son court passage à la mairie, ne laissa que des souvenirs d'estime et de sympathie.

Le brave Joseph Fournier, négociant en vins, l'homme

populaire, l'ami des ouvriers, remplit *par interim* jusqu'en mai de la même année, les fonctions d'adjoint spécial.

Alors arrive jusqu'en janvier 1878 M. Paul Flamenq, qui tente d'émanciper Le Pradet en le faisant ériger en commune distincte de La Garde. On sait le sort qu'eut cette première tentative. M. Trémellat était son secrétaire et son collaborateur.

De janvier 1878 à mai 1884, M. Paul-Antoine Deprat reprend les fonctions d'adjoint spécial. C'est pendant cette période que l'on construisit la maison commune et le groupe scolaire malheureusement si mal compris et si mal aménagés. M. Mangot père fut le secrétaire de M. Deprat et plus tard avec son fils celui de M. P. Flamenq.

M. Deprat fit faire par la commune aux héritiers de M. Fournier, ce que l'on a appelé le procès de la place. La commune fut condamnée par le Tribunal de première instance de Toulon et en Cour d'appel d'Aix, aux frais, dépens et dommages-intérêts. Nous l'avons dit : Que de choses utiles on eût pu faire avec cet argent si capricieusement dépensé.

Comme homme public, M. Deprat était autoritaire, il n'admettait pas la controverse ; ses parents ont eu la douleur de le voir mourir fou.

De mai 1884 à juillet 1894, M. Paul Flamenq exerce de nouveau les fonctions d'adjoint spécial, il reprend avec le concours de la population, son projet d'érection du Pradet en commune, qu'il a cette fois, le bonheur de voir aboutir. Il fit agrandir le cimetière, il protégea les écoles, il fut l'ami des pauvres, administrateur instruit et intègre, fait tout de dévouement et d'abnégation.

De juillet 1894 à septembre de la même année, M. Gustave Mège, sous-commissaire de marine en retraite, propriétaire au Pradet, remplit, en qualité de président de la Commission municipale, les fonctions dévolues au maire.

Enfin, au mois de septembre 1894, M. P. Flamenq est élu maire du Pradet, avec M. Nicolas Rosane comme adjoint.

Aux élections de mai 1896, M Flamenq âgé et souffrant, considérant sa mission terminée, ne se représente pas, et les habitants du Pradet choisissent comme maire M. Victor Castel, ancien pharmacien à Toulon, et M. Léopold Mourchou comme adjoint, tous deux encore en fonctions.

CURÉS OU RECTEURS

Après avoir parlé des magistrats municipaux, nous continuerons la publication des nomenclatures relatives aux autres fonctionnaires, d'après le rang d'ancienneté.

Or, les archives de la commune et de la paroisse nous apprennent que les prêtres sont les premiers fonctionnaires qui ont exercé des fonctions publiques sur le territoire du Pradet, nous en publions la liste à cette place :

MM. Julien, prêtre recteur, du 2 septembre 1802 au 14 juin 1811.

Maffey (Jean-Baptiste), prêtre recteur, du 15 juin 1811 au 29 novembre 1811.

Cuvet, prêtre recteur, du 30 novembre 1811 au 30 décembre 1820.

Du 31 décembre 1820 au 20 décembre 1824, on ne trouve aucun acte transcrit sur les registres de la paroisse, ce qui ferait supposer que pendant cette courte période le service du culte ne fut pas régulier au Pradet ; mais au 20 décembre 1824 arrive M. Brocard, vicaire de La Garde résidant au Pradet, où il demeure jusqu'en 1828. Puis, M Chavignot (Jean-Joseph), du 21 octobre 1828 au 23 décembre 1844.

M. Chavignot, dont la charité inépuisable lui faisait parfois quitter ses chaussures pour les donner aux pauvres, mérite une note spéciale : c'est à son époque que l'on construisit la première église sur la place du Pradet et c'est lui qui, d'après la tradition, acheta de ces deniers, le premier morceau de terrain dans lequel on commença à enterrer les morts du Pradet. Ce morceau de terre agrandi à deux reprises différentes, devint le cimetière actuel.

MM. Sauve (V.), du 24 octobre 1844 au 15 janvier 1847.

    Blanc (Alphonse), du 16 janvier 1847 au 13 octobre 1856.

    Fauchier (François), du 14 octobre 1856 au 7 septembre 1859.

    Martin (André), du 8 septembre 1859 au 15 juin 1890.

A M. Martin revient en grande partie l'honneur de la construction de l'église actuelle, il recueillit pour plus de 15.000 francs de dons. La commune et l'Etat n'intervinrent que pour une somme relativement insignifiante.

Les cloches furent aussi achetées à cette époque par souscription et donnèrent lieu, le jour de leur bénédiction, à des réjouissances publiques.

Le curé actuel du Pradet est M. François Giboin, il a remplacé M. Martin le 16 juin 1890.

INSTITUTRICES

La première institutrice libre qui aurait exercé ces fonctions au Pradet serait, vers 1820, Mme David dite Tata Marie. Son école était dans une salle de la ferme du château Mallard et plus tard au rez-de-chaussée de sa maison élevée sur la route en face de cette ferme.

La seconde fut Mlle Raynaud dite Tata Tite ; elle avait une sorte de garderie d'enfants au rez-de-cháussée de sa maison qu'elle habitait sur la place du Pradet, à côté de la tuilerie.

Mlle Sias exerça en même temps que Mlle Raynaud ; elle réunissait les enfants au rez-de-chaussée de la maison du sieur B. Vibourel, en face la ferme du château.

Puis vint Mme Arnaud qui fit l'école en même temps que son mari, dans le magasin contigu à celui où M. Arnaud recevait ses élèves, dans la maison de M. Etienne Vidal.

Mme veuve Bonnaud, qui épousa plus tard M. Lombard, le grand fabricant de briques, fit aussi l'école pendant quelque temps.

En 1857, Mme Conne, l'épouse du directeur de l'école stagiaire, ouvrit une école libre au rez-de-chaussée de la maison Pézillas, sur la place de l'Eglise. Elle exerça ses fonctions pendant tout le temps que son mari habita Le Pradet.

Mme Courbon succéda à Mme Conne, mais son école fut transférée au premier étage de la maison Augier, où elle la tint jusqu'au moment de sa mort, en 1865.

A la mort de Mme Courbon, Mme Mangot vint ouvrir un pensionnat et un externat dans le château Mallard. Cet établissement eut un moment de prospérité, mais il ne fut pas de longue durée.

Les religieuses de l'ordre de Saint-Joseph de Vesseau, sous la direction de la sœur Emilie, succédèrent à Mme Mangot.

En 1871 arrive la sœur Marie et en 1872 la sœur Antonia, qui prend, avec la précédente, la direction de l'établissement transféré alors dans la maison Fournier nouvellement construite sur la place, à l'ouest de l'église.

Comme il n'y avait pas encore, à cette époque, d'école communale, les religieuses acceptèrent, moyennant une subvention de la commune, de recevoir un certain nombre d'enfants gratuitement dans leur école. On peut dire que c'est à partir de cette époque que le pensionnat Saint-Joseph commença l'ère de prospérité qui ne l'a pas quittée depuis.

Entre temps, Mlle Augier montait une école libre ; peu de temps après, appelée à un poste d'adjointe dans une école publique, elle fermait son école

Enfin, en 1881, Mme Fourgeaud fut nommée la première institutrice publique ou communale du Pradet. La commune loua à cet effet des appartements dans la maison Bazile Noble. Mais bientôt se fit sentir le besoin d'une maison d'école, et Mlle Raphélie (1883), la deuxième institutrice publique du Pradet, fut la première qui ouvrit la classe dans la maison du groupe scolaire nouvellement construit.

Mlle Florens lui succéda de 1884 à 1889, et Mme veuve Coulomb, devenue depuis Mme Thomé, remplaça Mlle Florens jusqu'en 1896.

Enfin, Mme Marguerite Lartigue exerce actuellement les fonctions d'institutrice publique au Pradet depuis 1896.

INSTITUTEURS

Le premier instituteur connu au Pradet exerça ses fonctions vers l'an 1830, dans un hangar fermé, de la tuilerie qui se trouvait alors sur le terrain devenu aujourd'hui la place Paul-Flamenq. Ce fut M. Billard, instituteur libre.

M. Ricaud lui succéda dans les mêmes conditions ; il réunissait ses élèves dans le petit cabanon situé à côté de la vieille chapelle du clos Mallard, consacré depuis à l'emmagasinage des fagots destinés à chauffer le four d'un boulanger.

M. Talent exerça en même temps que M. Ricaud et continua à remplir ses fonctions pendant quelques années encore après lui.

Puis vint M. Arnaud, également instituteur libre ; son école était située sur la route qui traverse Le Pradet, au rez-de-chaussée de la maison de M. Etienne Vidal.

En 1854, M. Ricard, alors inspecteur d'Académie du Var, propriétaire au quartier des Ardouvins, voulut faire bénéficier Le Pradet d'une loi qui autorisait la création d'écoles stagiaires dans les départements où la suppression des écoles normales était décidée, c'était le cas de notre département. D'accord avec M. le Préfet, il appela aux fonctions de directeur de l'école stagiaire du Pradet, M. Giraud qui fut en même temps le premier instituteur communal. L'école fut établie sur la place de l'Eglise, au premier étage de la maison Pézillas.

Après M. Giraud vint M. Conne, de 1856 à 1859. M. Conne continua à recevoir les élèves-maîtres et les enfants de la section dans le local qu'occupait son prédécesseur. En 1858, l'école fut transférée au rez-de-chaussée de la maison Augier, alors adjoint spécial du Pradet, où elle demeura jusqu'à la construction du groupe scolaire.

M. Courbon succéda à M. Conne, de 1859 à 1862, comme directeur de l'école stagiaire. A cette époque, la direction de cette école passa entre les mains de M. Ghiel, instituteur public à La Garde, et M. Courbon, qui venait de perdre son épouse, institutrice publique au Pradet, continua à remplir les fonctions d'instituteur communal jusqu'en 1864, époque où il fut remplacé de 1864 à 1866 par M. Audier.

M. Ghiel ne garda pas longtemps la direction de l'école stagiaire ; l'école normale de Draguignan ayant été rétablie, les élèves-maîtres y entrèrent pour terminer leurs trois années d'études.

M. Audier permuta avec M. Trémellat qu'il alla remplacer à Toulon. M. Trémellat fit alors l'école aux enfants du Pradet depuis mars 1866 à mars 1878 ; il fonda une bibliothèque scolaire dans laquelle il réunit plus de 700 volumes et que l'on peut voir encore dans une salle de l'école comme souvenir de son passage.

M. Mangot vint après M. Trémellat ; il inaugura le groupe scolaire et fut remplacé en 1896 par M. J.-M. Lartigue, l'instituteur actuel.

Ce n'est que vers 1884 que l'école de garçons du Pradet commença à avoir un adjoint. Ce furent successivement MM. Dozoul, Garcin, Thomé et en dernier lieu Lombard.

GARDES CHAMPÊTRES

FAISANT FONCTION DE SERGENTS DE VILLE

Vers 1840, M. Bonnaud, garde champêtre habitant La Garde, fut désigné pour remplir ces fonctions principalement sur le territoire du Pradet.

M. Pélini qui lui succéda, habita Le Pradet et fut le premier garde champêtre chargé uniquement de la police et de la surveillance de ce territoire.

Les gardes champêtres dont les noms suivent remplirent tous ces fonctions au Pradet, dans les conditions de M. Pélini.

Ce furent : MM. Corti, Pelassy, Mussou, Philip, Reboul, Boucon, Bouffier, Dalest, Bonnet, Bellon, Armieux, Bouffier, Lipard, Pelletier et Rossi.

GARDES FORESTIERS

MM. Mussou (Pierre), du 14 janvier 1848 au 14 novembre 1853.

Pelassy (Joseph-Barthélemy), du 15 novembre 1853 au 1er février 1860.

MM. Guilhon, du 2 février au 1er avril 1860.

Reboul (Pierre), du 5 avril 1860 au 1er septembre 1861.

Boucon, du 1er septembre 1861 au 1er juin 1862.

Bouflier (Justin), du 1er juin 1862 au 20 juin 1897.

Goiran, du 16 octobre 1897.

MÉDECINS

Ce n'est qu'en 1847 qu'un médecin vint s'établir au Pradet, ce fut M. Camille Magagnosc, dans la maison Pézillas, sur la place.

Après lui, M. Thomas, propriétaire au quartier de la Foux, exerça la médecine sur le territoire du Pradet pendant de longues années. Ceux qui l'ont connu ont gardé le meilleur souvenir de ce praticien, petit de taille, à la figure intelligente et sympathique, parcourant les grandes routes et les sentiers, monté sur un petit cheval rouge, portant à ses malades souvent la guérison et toujours l'espérance et les consolations.

M. Franc, médecin de la marine en retraite, ouvrit un cabinet de consultation au Pradet; il n'exerça pas longtemps sa profession.

M. E. Blanc, médecin à La Garde, établit à son tour un cabinet dans la maison Mourchou, sur la place de l'Eglise. Après la mort de M. Thomas, il fut le médecin de La Garde en même temps que celui du Pradet.

De nos jours, M. Bréau, major de l'armée en retraite, fait de la médecine civile, et M. Pellissier, jeune docteur de la Faculté de Montpellier, a ouvert un cabinet de consultation dans la maison Fournier, sur la place Paul-Flamenq.

Ne clôturons pas cette nomenclature, sans adresser un mot

de remerciement au docteur Ricard, ancien chirurgien de la
marine, qui de tout temps, a mis gracieusement sa science
médicale au service des habitants du Pradet.

ASSISTANCE MÉDICALE ET BUREAU DE BIENFAISANCE

En 1884, un bureau d'assistance faisant fonction de bureau
de bienfaisance pour les secours à donner aux pauvres
valides, et de bureau d'assistance gratuite pour les secours à
donner aux pauvres malades, fut créé sous la présidence du
Maire, ayant pour vice-président, d'abord M. Gustave Mège,
propriétaire au Pradet, sous-commissaire de la marine en
retraite, chevalier de la Légion d'honneur, et actuellement
M. Armand Marseille, propriétaire au Pradet, contrôleur de
la préfecture de police en retraite, officier de la Légion
d'honneur.

Par le fait de l'érection du Pradet en commune, les biens
des pauvres devaient être partagés, comme les biens communaux, entre La Garde et Le Pradet, au prorata des feux
existant dans chaque commune. A La Garde, on acceptait
bien le partage pour l'avoir du bureau de bienfaisance, mais
non pour le legs Doumet. M. Marseille mena si bien l'affaire
au point de vue juridique, que Le Pradet reçut sa part du
legs Doumet, ce qui plaça tout de suite le bureau d'assistance dans une situation financière des plus heureuses et
capable de faire quelque bien.

ACCOUCHEUSES

Les accoucheuses n'ont pas été nombreuses au Pradet.
C'était autrefois Mme Viton, de La Garde, qui venait procéder
aux accouchements; mais avant elle, Mme Maubert, habitant

Le Pradet, exerça pendant de longues années cette profession.

Puis, ce fut Mme Mounin et après Mme Mounin, Mme Gasquet, qui habite Le Pradet où elle exerce actuellement sa profession et d'où elle rayonne sur les communes de La Garde et de Carqueiranne.

RECEVEURS BURALISTES

Le premier receveur buraliste fut M. Cival, de 1850 à 1875. Son épouse, Mme Cival, avait été nommée titulaire du premier bureau de tabac en 1830.

M. Reynier succéda à M. Cival jusqu'en 1881.

M. Ducros succéda à M. Reynier jusqu'en 1891 ; il permuta avec M. Arnaud, qu'il alla remplacer à Saint-Julien (Var). M. Arnaud est le receveur buraliste actuel.

RECEVEUSE DES POSTES ET TÉLÉGRAPHES

Le 1er septembre 1896, on créa au Pradet une recette auxiliaire. La première receveuse titulaire de ce bureau fut Mlle Isabelle Arnaud, qui a rempli ces fonctions jusqu'en ces derniers temps, avec aptitude et dévouement.

Le télégraphe commença à fonctionner le 25 janvier 1897.

Mais l'insuffisance d'une recette auxiliaire étant tous les jours démontrée, des démarches actives ont été faites par le député Abel, pour obtenir un bureau de poste et télégraphe de plein exercice. Une demi-satisfaction vient d'être accordée à la commune par la substitution de la recette auxiliaire en recette de facteur receveur. C'est M. F. Boyer qui vient d'être désigné pour occuper cet emploi à partir du 1er juillet 1898.

Le nouveau bureau a été transféré dans la maison David, sur la route de Toulon, vers l'entrée du village, en attendant la création d'une recette complète qui ne saurait se faire attendre longtemps.

Cercles et Sociétés

Il y avait autrefois des chambrées au Pradet : la plus importante fut celle qui avait son siège à l'oratoire vers 1881, dans la maison Constantin Fournier.

Bien qu'il n'existe pas de Société de Saint-Eloi, toutes les années, les propriétaires de chevaux se réunissent et à la fin d'un banquet, nomment le capitaine qui doit garder le drapeau de Saint-Eloi pour le remettre l'année suivante au nouveau capitaine. Ce dernier, le jour de la fête, marche en tête de tous les chevaux montés ou attelés, ornés de fleurs et de rubans, réunis sur la place publique pour recevoir la bénédiction. Toute la journée ce sont des aubades, des jeux et des réjouissances qui se terminent le soir par des courses de chevaux, de mulets et d'ânes.

C'est là une vieille coutume qui a gardé son originalité et sa simplicité à travers nos siècles de progrès.

Nos fêtes locales de Notre-Dame, de Saint-Raymond, de la Saint-Jean, au quartier de la Garonne, et la fête du 14 juillet se célèbrent ordinairement avec pompe et avec tout le luxe que l'on déploie de nos jours, en pareille circonstance.

Il y avait autrefois au 1er étage du café Fortuné Fournier, le Cercle Républicain présidé par M. Broquier. Ce cercle n'existe plus depuis quelques années. De tout temps les jeunes gens, sans constituer une Société proprement dite, se sont réunis pour former, à leurs frais, un bal le dimanche et les jours de fête.

Enfin de nos jours, nous n'avons au Pradet que deux Sociétés :

LA SOCIÉTÉ MUSICALE " LA RENAISSANCE "

formée de membres exécutants et de membres honoraires au nombre d'environ deux cents ; elle fut fondée en 1869 par M. Constantin Fournier. M. Mussou en fut le premier chef, M. Mahault lui succéda et M. Jean Fournier la dirigea provisoirement vers la fin de son existence. Elle eut son temps de prospérité et de succès dans les concours, mais elle se dissout vers 1884.

Reconstituée depuis quelques années avec M. Marthe et M. Brieuxel pour chefs, aujourd'hui elle est dirigée par M. Vernet et a pour président M. Victor Ricard, et pour vice-président M Trémellat. Les éléments ne manquent pas dans notre commune pour faire espérer que notre jeune fanfare égalera ou dépassera sa devancière.

M. Vernet, appelé à un embarquement, laisse sa succession ouverte. M. E. Piston, enfant du pays, dont le dévouement pour le succès de notre société musicale est très connu, la dirige provisoirement.

LA SOCIÉTÉ DU SOU DES ECOLES LAÏQUES

fondée en 1886 était restée quelques années sans fonctionner ; mais elle vient de se reconstituer avec MM. Léopold Mourchou pour président, L. Trémellat trésorier, Cahusac secrétaire, Mathieu et Calas Colin commissaires. Sa situation financière est très florissante et lui a permis, cette année, de faire non seulement du bien aux enfants nécessiteux, mais encore d'acheter pour l'école, différents objets d'enseignement et des livres en quantité suffisante pour une distribution de prix.

Armoiries

La nouvelle commune n'ayant pas de blason, le Conseil municipal, dans sa séance du 19 juin 1898, a décidé qu'il y avait lieu de doter Le Pradet des armoiries suivantes :

Tuilée au 1er de gueules à la corne d'abondance, au 2me d'azur à la falaise d'or surmontée d'une tour crénelée d'argent, maçonné de sable. Le tout émergeant à sénestre d'une mer d'azur.

Ayant pour devise : *semper supradet*.

L'écusson brochant sur une lance d'or porte, sous le fer, une enseigne romaine chargée des lettres R. F., le tout timbré d'une couronne murale ouverte.

Il est facile de reconnaître que ces armoiries signifient que Le Pradet entouré de fortifications est situé sur un littoral à la mer d'azur, aux falaises profondes, aux plages sablées d'or

La corne d'abondance de laquelle s'échappent des grappes de raisins est l'emblème de sa richesse agricole et viticole.

Sa devise indique sa marche progressive et les lettres R. F. font connaître que c'est sous la troisième République que ce charmant pays obtint son autonomie.

HISTORIQUE DE LA CULTURE DE LA VIGNE
dans le territoire du Pradet

———— ✳✳✳ ————

La culture de la vigne dans le territoire du Pradet est certainement celle qui occupe le plus nos gens de la campagne qui sont aujourd'hui tous des viticulteurs intelligents et laborieux. Aussi la production de nos vignobles est relativement considérable, et ce n'est pas sans un noble orgueil, que les habitants du Pradet osent prétendre que leur commune est une de celles qui donnent dans le Var, toute proportion gardée, la plus grande quantité de vin.

La récolte, en effet, s'est élevée en 1897, à plus de 36.000 hectolitres sur une étendue de 500 hectares cultivés, soit 70 hectolitres par hectare. Si le vin se vend en moyenne 20 francs l'hectolitre, cela donne un revenu de 14 à 1.500 francs l'hectare.

Est-ce à dire que ces résultats, qui sont véritablement merveilleux, ont été obtenus sans peine, et ne sont dûs qu'aux bonnes conditions climatologiques du pays ainsi qu'à l'excellence des terrains sur lesquels on opère ?

Nous ne nions pas que ce sont là deux facteurs importants pour la réussite de nos vignobles ; mais le plus grand, le premier des moyens employés par nos viticulteurs, c'est le travail ; le travail intelligent récompensé par des récoltes vraiment productives Il est vrai que, dans notre pays, les petits propriétaires ont eu l'heur d'avoir devant eux des exemples qu'ils ont su imiter. Et ici je dois, malgré la modestie de nos viticulteurs, citer des noms d'hommes, connus d'ailleurs, et que Le Pradet s'enorgueillit de compter parmi ses habitants.

Il y a environ 35 ans, toutes nos terres, comme celles du reste du département, étaient cultivées en jouelles, c'est-à-dire une ligne double de vignes (outin) et une faïsse qui recevait du blé, de l'avoine ou des légumineux, ou bien encore demeurait en jachère.

L'olivier se dressait partout, le plus souvent planté sans ordre, et nos cultivateurs ne vivaient que de maigres produits ; lorsque arriva du Mâconnais un agriculteur dont le nom est resté, depuis cette époque, dans toutes les bouches.

Cet agriculteur s'appelait François Meunier ; il était acquéreur du clos Mallard qu'il devait transformer, comme par enchantement, et amener ainsi une révolution dans notre système de culture.

Comme tous ceux qui apportent d'heureuses innovations, M. Meunier n'échappa pas à la critique, surtout quand on le vit arracher tous les oliviers du clos, ainsi que les vieilles vignes qu'il remplaçait par de nouvelles plantations, bien alignées, suffisamment espacées et soignées comme on n'avait pas l'habitude de le faire. Le méjean, le blé, l'avoine, la jachère, les légumes, tout était banni du clos qui ne renfermait, deux ans après, rien que de la vigne et formait ce beau vignoble qui fait encore aujourd'hui l'admiration du visiteur.

La taille de la vigne du clos n'eut rien de commun avec notre ancienne taille, le ciseau avait remplacé la poudette, et les ceps, qui n'avaient autrefois que 2 ou 3 coursons, en avaient maintenant 4, 5, 6 ou 7, selon la vigueur des plants.

La terre était sans cesse sillonnée par la charrue, d'herbe
on n'en voyait plus et les plantations étaient toujours plus
prospères. Les vendanges et la vinification se faisaient différemment, le seau avait remplacé le canestel, le raisin était
foulé dans la cornue et vidé dans de grandes cuves en bois,
sans être foulé de nouveau, la fermentation durait moins
longtemps et des pressoirs d'une grande puissance faisaient
rendre au marc tout le jus qu'il contenait et que l'on versait,
dans les tonneaux, avec le premier vin recueilli, au lieu de
le mettre à part, comme cela se pratiquait autrefois, sous le
nom de vin de destré ou vin de raque.

En présence de ce changement considérable dans la culture du clos, chacun se demandait ce qu'allait enfin obtenir M. Meunier. Ce qu'il obtint? C'est que le clos, qui ne
donnait pas au propriétaire des produits rémunérateurs, était
devenu une source de riche production. M. Meunier récoltait
plus de 3 000 hectolitres d'un vin délicieux qu'il faisait dégus-
ter aux habitants du Pradet dans un grand banquet auquel
il les avait conviés et où il leur exposa ses théories et les
moyens pratiques qu'il employait.

Malheureusement, le phylloxéra fit son invasion juste au
moment où tous nos propriétaires, grands et petits, imitant
M. Meunier, commençaient à obtenir des récoltes abondantes.

Qu'allaient devenir les vignes du clos?

M. Meunier les conserva pendant quelques années par
l'emploi du sulfure de carbone, en même temps qu'il pré-
parait une vaste pépinière de plants américains.

En présence de la cruelle mortalité de nos vignes, il semble
que le découragement devait s'emparer de nos viticulteurs;
loin de là, ils avaient goûté les avantages que donne la culture intelligente de la vigne, ils allaient lutter contre

l'insecte destructeur, comme ils avaient lutté autrefois contre l'oïdium.

C'est alors que nos principaux propriétaires, MM. Ganzin, Estournel, Mège, Flamenq et d'autres se mettent à l'œuvre et cherchent, par des expériences souvent coûteuses, à combattre l'ennemi par l'emploi des insecticides.

M. Ganzin, ce viticulteur émérite que nous sommes fiers de posséder au Pradet, étudiait principalement les plants résistant au phylloxéra ; il fut, après M. Aguillon, de Signes, le premier à planter dans le Var le plant américain. Il fit venir d'Amérique, de concert avec MM. Mège, Fournier et deux ou trois autres propriétaires, des plants d'Herbemon, de Riparia, de Jaquez, qu'il plaça en pépinières et qu'il étudia soigneusement ; il apprécia d'abord beaucoup le Jaquez et obtint un bois qui lui permit, à lui et à ceux à qui il le vendait, de reconstituer les vignobles détruits. Il reconnut cependant que le Riparia pour certaines terres était supérieur au Jaquez ; il préconisa ce porte-greffe qui fut bientôt vendu, non seulement au Pradet, mais dans le Var et partout ailleurs. Son domaine de la Bayette devint un lieu d'études et d'expériences pour les porte-greffes, et comme on avait imité M. Meunier dans son système de culture, on imita M. Ganzin pour la vente des plants américains ; de sorte que nos viticulteurs revendaient le bois de Jaquez et de Riparia, à mesure qu'ils replantaient leurs champs.

La transaction leur fut moins désastreuse qu'aux cultivateurs des autres pays. M. Ganzin continua ses travaux, cherchant le plant direct ou le meilleur porte-greffe ; aussi est-il arrivé à des résultats remarquables.

Qui de nos jours ne connaît l'aramon rupestris Ganzin n° 1, ce porte-greffe si apprécié de tous les viticulteurs ?

Le porte-greffe trouvé, il fallut s'occuper de la greffe. M. Estournel fut, dans notre pays, un des plus grands chercheurs des moyens économiques de greffage. On inventa des greffoirs mécaniques qui donnaient la régularité de la taille du greffon et assuraient la reprise dans de meilleures conditions ; on trouva la greffe bouture longtemps discutée. Mais ici encore, M. Ganzin peut offrir une grande preuve de l'excellence de ce mode de greffage en montrant la plus grande partie de sa propriété plantée de cette manière depuis 20 ans, toujours en pleine prospérité.

Pendant que ces viticulteurs distingués faisaient ces belles découvertes, M. Meunier replantait le clos et greffait sur ceps américains, la carignane, son plant favori, ainsi que l'aramon, l'alicante, la clairette et le petit bouschet.

Les grands et les petits propriétaires faisaient de même, et nos vignobles se trouvèrent reconstitués. La plupart de nos fermiers devenaient propriétaires et des petits cultivateurs qui vivaient autrefois au jour le jour, devenaient des viticulteurs à grands revenus. Les Berenguier, les Gondran, les Lombard, les Martin et bien d'autres dont la liste serait trop longue, en sont des exemples vivants.

On put voir, en effet, deux frères défricher un bois et une terre, intercaler des pêchers dans les vignes, récolter quelques mille francs de fruits et une quantité de vin considérable, là où leurs parents avaient à peine vécu.

Il est vrai que nos gens de la campagne travaillent beaucoup, la plupart ne cultivent leur terre qu'à *la gatado*, ils se louent le reste de la journée dans les champs ou aux tuilières. Or, tandis que dans certains pays le cultivateur va à son champ le matin à huit heures, le nôtre, à ce moment, a déjà fait une demi-journée.

Le mouvement en avant, donné par les honorables propriétaires dont nous venons de citer les noms, ne s'arrête plus.

M. Ganzin obtient son hybride de rupestris et M. Lemarchand, sur les conseils de son régisseur Cahuzac, plante la vigne en cordon, introduit dans son vignoble de nouveaux plants tel que la Syrah, destinés à améliorer la qualité des vins, propage la greffe herbacée ou à écusson et perfectionne la vinification.

Son cuvage, sa cave et les deux grands réservoirs qu'il a fait construire pour arroser son vignoble, sont à visiter par les personnes qui s'intéressent à la viticulture, et comme M. François Meunier avait, dans notre pays, révolutionné la culture de la vigne, M. Lemarchand donne l'exemple de l'application des nouveaux procédés et des découvertes récentes.

Nos viticulteurs qui ont su imiter et perfectionner les cultures des Meunier, Ganzin, Estournel et autres, sauront prendre chez M Lemarchand ce qu'il a de bon et de pratique dans ses procédés.

Et c'est ainsi que chacun continuera à se perfectionner, à améliorer sa culture et sa vinification, à combattre les maladies diverses qui attaquent nos vignes, à obtenir de grosses et bonnes récoltes, à chasser la routine, à concourir à la prospérité du pays et à lui perpétuer la bonne renommée qu'il a acquise.

CULTURE VITICOLE ACTUELLE

Résultats obtenus en 1897 et en 1898

Il nous reste maintenant à donner quelques développements sur tout ce qui concerne la culture viticole dans le terroir du Pradet, non plus telle qu'elle a été pratiquée autrefois pour arriver aux résultats heureux que nous constatons, mais telle qu'on la pratique aujourd'hui.

Pour cela, nous diviserons ce travail en chapitres distincts, d'après le sommaire suivant :

SOMMAIRE

Configuration du terrain. Constitution du sol, du sous-sol et considérations géologiques.

— Instruments aratoires et viticoles.

— Animaux de ferme et de basse-cour.

— Cultures diverses.

— Fumure. Divers systèmes de fumure. Engrais employés.

— Porte-greffes divers ; leur âge, avantages et défauts. Ceps obtenus par semis. Plants directs. Considérations.

— De la greffe. Divers systèmes de greffes. Du greffon. Diverses variétés.

— De la taille. Modes divers, gobelet, cordon, taille de quarante ; mode le plus employé. Résultats obtenus.

— Maladies de la vigne. Énumération. Moyens employés pour les combattre. Années d'attaques violentes.

— Les arrosages d'été.

— La vendange. Divers moyens.

— La vinification.

— Des qualités des vins du Pradet et des moyens de vente : des frais généraux ; de la paye des ouvriers. Tableau de ces frais. Produit total et par hectare en 1897 et en 1898.

Configuration du terrain. Constitution du sol, du sous-sol et considérations géologiques

La commune du Pradet, nous l'avons dit, est située exactement sur le 43° 5' 20" de latitude nord et le 3° 44' 12" de longitude est ; le village est bâti à une altitude de 30 mètres ; l'étendue territoriale est de 969 hectares, un peu accidentée, se composant d'une plaine, de coteaux et d'une haute colline.

La plaine entre les points extrêmes de la Règue et du pont de la Clue est à une altitude de 15 et 20 mètres, sur une superficie représentant à peu de chose près le tiers de l'étendue totale de la commune ; elle est limitée au sud par la ligne 42, grande route qui conduit de Toulon à Hyères, et au nord par l'Eygoutier qui prend sa source à l'Estagnol, s'écoule vers Toulon, reçoit sur sa rive droite à 100 mètres environ en amont du pont de la Clue, le petit Eygoutier qui prend lui-même sa source au quartier de la Planquette. L'Eygoutier est traversé par le chemin vicinal de la Foux au pont de la Bariou et par le chemin de La Garde annexe à la ligne 42 au pont de la Gravette. Il est alimenté par les eaux de la Foux. La propriété des eaux de la Foux fut discutée autrefois entre le seigneur de Sainte-Marguerite et de La Garde et la communauté de La Garde. Le premier voulait s'en servir pour actionner son moulin de Grenouille. Mais la communauté de La Garde, qui en avait l'usage depuis un temps immémorial, lui intenta un procès.

En 1580 intervint une transaction par laquelle la communauté de La Garde continuait à user de l'eau comme par le passé : « Ainsi (dit l'acte de transaction) que les manants et habitants de la communauté, ont accoutumé faire du passé jusques aujourd'hui et feront à l'avenir, pourront cruiser une fontaine d'eau pour la faire conduire par tel méal que besoin sera et à tel endroit de la dite communauté qu'y sera nécessaire. » C'est cette eau que la commune du Pradet peut prendre à sa source même dans un terrain qui lui appartient, pour la faire conduire à tel endroit que besoin sera.

L'eau était tellement abondante à la Foux, que les terres, hoirs ou hors de ce quartier étaient toutes arrosées à fil. On y cultivait beaucoup l'oignon et le chanvre. On peut voir encore tout près de la maison en ruine de l'éclusier, le naï ou routoir, bassin d'eau courante dans lequel les habitants de la commune pouvaient faire rouir leur chanvre. Cette culture a été abandonnée depuis une cinquantaine d'années ; mais l'arrosage, sans réglementation, de tous les hoirs, a duré jusqu'au jour où M. Thomas, par des travaux de captation, amena les eaux de la Foux dans un bassin qui lui permettait de les distribuer dans toute la partie nord de sa propriété. Ce bassin a été mis à sec, ainsi que le trou de la Foux, par les travaux de captation que la Compagnie des eaux de La Garde fait pratiquer en ce moment à la source de la *Font-qué-Raille*. Ces travaux et ceux tentés sur le terroir du Pradet n'étant pas terminés, l'avenir fera connaître à qui revient l'honneur ou la responsabilité de l'usage qui aura été définitivement fait des eaux de la Foux.

Le sol dans la plaine, sauf au quartier de la Gravette, est exempt de tout cailloux ; il est très arable et perméable quoique silico-argileux et un peu empâté l'hiver par les grandes pluies, terre noire contenant de l'humus, formée en grande partie de déchets d'herbes et d'autres débris décomposés, emmenés et entassés dans ces lieux par les inondations périodiques qui se produisaient autrefois nombreuses, chaque année.

Le sous-sol ne diffère guère du sol, il est cependant partie calcaire par bancs et silico-marneux, très susceptible de recevoir de profonds labours et défoncement pour plantations d'arbres fruitiers et de vignes qui fructifient à merveille dans ces terres. Sur quelques points, au quartier de la Foux, par exemple, la vigne ne réussit pas bien, le sous-sol est argileux, par conséquent imperméable ; elle est sujette à la chlorose et devient anémique.

Le drainage en cet endroit pourrait rendre quelques services.

Les principaux côteaux sont : La Bayette, M. Ganzin, à 70 mètres d'altitude ; La Cibonne, 80 mètres ; L'Artaude, M. Lemarchand, 92 mètres : Belle-Vue, M. Lhomme, 65 mètres ; Saint-Peiré, M. Noble, 55 mètres ; Le Baguier, 40 mètres ; Pin-de-Galles, M. Bernard, 45 mètres et La Germaine, M. Petit, 35 mètres.

Ces côteaux étaient autrefois couronnés de pins et d'oliviers ; aujourd'hui ils sont, ainsi que les vallées qui les séparent, couverts de belles vignes qui poussent sur un sol argilo-schisteux à sous-sol formé de roche calcaire stratifiée, avec banc de muschelkalks et filon quartzeux.

La haute colline, c'est la Colle-Noire à une altitude de plus de 300 mètres, sur laquelle croissent les essences méditerranéennes déjà décrites, dans un terrain argilo-siliceux et schisteux à sous-sol et à base de quartz micacé, avec région de minerai de plomb argentifère, de grès et de calcaire concrétionné.

Instruments aratoires et viticoles

Comme toute chose en ce siècle de progrès, les instruments aratoires ont subi des modifications et des améliorations importantes; les vieilles charrues, l'araire surtout, sont à peu près abandonnés, et dans nos grandes exploitations comme dans les petites fermes, on trouve maintenant :

Les remarquables charrues de Maurel, de Pierrefeu ;

Les charrues et houes Pilter ;

Les charrues Arthur Girard, de Puget-Ville, et le pulvérisateur de ce dernier constructeur, appelé à rendre de grands services dans la culture de la vigne en cordon ou espalier.

On trouve encore des rouleaux Croskil, des herses, des extirpateurs, des scarificateurs, enfin la pioche, la bêche, le sarcloir, etc.

Quant à l'outillage viticole, l'énumération en est longue; mais il suffit de visiter l'exploitation de MM. Ganzin, Ardilouze, Borel, de Pézenas, Gasquet et celles enfin de tous nos propriétaires pour se convaincre que nos cultivateurs savent, dans ce qui est nouveau, apprécier l'utile et le bon.

Pour ce qui concerne l'outillage vinicole, les caves et les cuvages de MM. Meunier et Lemarchand peuvent servir de modèles.

Animaux de ferme et de basse-cour

On ne voit pas au Pradet de couple de bœufs de labour comme en Normandie, ni même comme dans les plaines pierreuses que nous rencontrons dans le nord de notre département.

Le cheval et le mulet sont les seules bêtes employées à labourer nos terres. L'âne remplit aussi son rôle, cet animal malgré son entêtement à obéir, rend de réels services à nos viticulteurs et aux amateurs de petit attelage. Quelques-uns de nos grands propriétaires seuls, ont des bêtes de luxe. Mais on trouve dans nos fermes de fort belles bêtes de labour.

Dans la dernière statistique on relève : 85 chevaux ; 15 mules et mulets.

En fait d'animaux de ferme, le cultivateur n'élève que le cochon que l'on rencontre dans toutes les bastides, et cela pour le vendre à la boucherie et pour recueillir un fumier qui est loin de remplir les conditions désirables à une bonne fumure.

Les animaux de basse-cour sont assez nombreux ; dans chaque campagne on trouve un poulailler renfermant poules, canards, lapins et pigeons ; on élève beaucoup de petits poulets, ce qui ne rend pas la vente de la volaille meilleur marché au Pradet.

La race des poules italiennes est celle qui domine, les œufs qu'elles pondent ne sont pas très gros, mais elles en donnent en abondance.

Le fumier produit par ces animaux vient se joindre à celui recueilli dans l'écurie ou dans le cochonnier ; malheureusement il n'est pas suffisant pour nos cultures.

Cultures diverses

La principale culture en gros qui s'effectue au Pradet, c'est celle de la vigne. Il y a, en effet, dans la commune un certain nombre de propriétaires qui récoltent par an et en moyenne plus de 3 000 hectolitres de vin.

Il est certain que la culture d'un champ qui donne de

pareilles récoltes ne peut se faire qu'à l'aide d'un nombreux personnel et d'un outillage en rapport avec cette production.

L'ancienne culture en jouelles a été remplacée par des plantations en vignes et régulièrement espacées. La vigne est admirablement bien cultivée. Les divers labours ont cependant le défaut de ne pas être donnés à plat, ils devraient être plus superficiels. Les façons estivales ne sont pas suffisamment pratiquées, et les labours d'hiver, quoique soigneusement faits, devraient commencer plus tôt ; cependant les façons culturales du printemps sont faites dans d'excellentes conditions.

Quant aux autres cultures, telles que : fleurs, muguets, jacinthes, roses, violettes, etc., et primeurs de toutes sortes, elles ne s'effectuent que sur une échelle relativement restreinte. Ces produits sont expédiés à Paris ou à Londres dans des toilettes qui, avec celles qui viennent de Carqueiranne, encombrent souvent les quais de la gare de La Garde. C'est dire toutefois, que cette culture a cependant une certaine importance et qu'elle procure à nos cultivateurs un revenu des plus avantageux.

Fumure. Divers systèmes de fumure. Engrais employés

La fumure la plus employée est certainement l'engrais de ferme : fumier de chevaux, de cochons, d'animaux de basse-cour, déjections et détritus de toutes sortes réunis dans une fosse préparée pour l'entassement, mais généralement conditionnée d'une manière qui laisse encore bien à désirer, quoique sous ce rapport on puisse constater ici encore, un progrès sensible. Nos grands viticulteurs se procurent des quantités considérables de fumier à Toulon et à Marseille.

Quoique le fumier de ferme, qui ne restitue au sol que de

l'azote et bien peu de potasse, soit insuffisant, la plupart de nos agriculteurs n'emploient cependant encore que ce genre de fumure.

Mais les propriétaires qui font dans leur ferme la culture industrielle obvient à cet inconvénient en employant depuis longtemps les engrais chimiques ; ils complètent ainsi leur fumure par du sulfate de potasse, des phosphates, des super-phosphates et des scories de déphosphoration.

Les divers tourteaux sont ici peu employés.

On fume généralement nos vignes une année, non l'autre, et par moitié de la propriété chaque année. Le fumier est répandu soit au pied du cep, soit au milieu entre les deux lignes de vignes. Ce dernier mode est celui qui est le plus pratiqué.

Porte-greffes divers, leur âge. Avantages et défauts. Ceps obtenus par semis comme plants directs. Considéra-tions.

Quand il fut reconnu que les cépages américains seraient les seuls plants qui pourraient nous aider à reconstituer nos vignobles, on se mit à rechercher les meilleurs ceps que nous pourrions employer comme porte-greffes : le riparia, le solonis, le jaquez, l'york-madeira, le rupestris, le vialla, etc., furent très étudiés ; mais M. Ganzin, qui fut le plus grand chercheur de porte-greffes que nous ayons connu au Pradet, reconnut bientôt que le riparia et le jaquez étaient les plus résistants à la voracité du phylloxéra ; il planta ces plants dans sa propriété et comme il réussissait on l'imita. Au début, le riparia était de forme mélangée, à variétés différentes ; aujourd'hui qu'il est mieux sélectionné c'est encore le riparia qui tient le record, cependant il sera peut-

être détrôné par l'aramon rupestris Ganzin n° 1, déjà très
répandu, le n° 2 moins résistant à la chlorose a moins de
chance de réussite, mais le n° 1 très résistant comme le
riparia, a sur ce dernier l'avantage considérable de donner
à la fin de la première année de plantation, un pied forte-
ment développé qui permet d'opérer le greffage sur tous les
porte-greffes de la plantation.

Quant aux plants obtenus par semis comme plants directs,
nous n'en parlerons que pour mémoire, cette culture n'ayant
pas donné jusqu'à présent des résultats suffisamment rémunérateurs à ceux qui ont essayé les hybrides connues. L'alicante Ganzin et la clairette Ganzin elles-mêmes, si chaudement
recommandées par M. Bauffard dans le *Journal de l'Agriculture* de janvier 1895, n'ont pas trouvé faveur auprès des
viticulteurs de leur pays d'origine.

De la greffe. Divers systèmes de greffes. Du greffon.
Diverses variétés.

Depuis l'introduction du plant américain, la greffe est entrée
dans le domaine normal de la viticulture. Il a fallu greffer
tous les plants américains et, de là, perfectionner les systèmes
de greffage ; mais le mode qui a prévalu jusqu'aujourd'hui
et le plus ancien connu, c'est la greffe en fente pleine ; on
la pratique sur le sujet même ou en bouture (coin du feu).
La greffe à demeure ou sur le sujet est celle qui est la plus
pratiquée. Mais la greffe en bouture a de nombreux parti-
sans, quelque critique qu'elle ait subie ; M. Ganzin n'en pratique pas d'autre et l'on peut voir chez lui des vignes de
toute beauté, ayant plus de vingt ans d'existence. L'immense
avantage qu'elle offre, c'est qu'on n'a pas à redouter l'insuc-
cès de la plantation ni les mauvaises soudures.

La greffe en fente anglaise, comme système, lui est bien supérieure, mais elle n'est guère employée qu'à la pépinière.

Nous ne pouvons pas nous empêcher de dire que la greffe en fente pleine est la plus mauvaise de toutes les greffes, parce qu'elle décapite le sujet juste au moment où celui-ci a besoin de tous ses membres pour leur distribuer sa sève exubérante et que le plant greffé souffre toujours de cette mutilation.

Partant de ce principe, il serait bien désirable que la greffe en écusson ou herbacée, très préconisée par M. Cahussac et uniquement employée chez M. Lemarchand, se répandît partout ; car la facilité d'exécution, la solidité de ses soudures irréprochables et une reprise assurée de 90 0/0 peuvent la faire surnommer, à juste titre, la greffe idéale.

Quant aux greffons, ils sont nombreux.

On n'a guère conservé de nos anciens plants que le mourvède peu cultivé, l'ugni blanc, la clairette et la carignane ; ceux qui ont été introduits dans nos cultures depuis la pratique de la greffe sont : l'aramon, l'alicante, le grand noir, le petit bouschet et le cinsaut ; il est encore bien d'autres variétés de greffons, dont l'énumération serait longue ; mais je crois ne devoir citer que ceux qui sont le plus répandus dans nos vignobles du Pradet.

De la taille, gobelet, cordon, taille de quarante.
Mode le plus employé. Résultats obtenus.

La taille de la vigne dans notre pays a joué un rôle important, elle s'est sensiblement perfectionnée et l'on espère encore faire mieux.

Celle qui est le plus employée est celle à gobelet, ainsi nommée parce que, après plusieurs tailles, le pied doit prendre la forme d'un vase ; ce n'est pas toujours ce que l'on obtient ; mais chacun sait ce que l'on entend par taille à gobelet. Cette taille bien conduite donne des résultats excellents et nos viticulteurs s'en contentent bien.

La taille en cordon unilatéral de Royat, introduite en 1886 d'abord au Pradet et bientôt répandue dans tout le département du Var par M. Lemarchand, donne des résultats merveilleux, surtout dans les bons terrains. Quoique encore discutée, elle commence, en effet, à entrer dans le domaine de la pratique, et tend tous les jours à se répandre davantage.

Ceux qui, au Pradet, ont imité M. Lemarchand, n'ont jusqu'à présent qu'à s'en louer ; les ceps ne faiblissent pas comme on l'avait craint. Les vignes de M. Lemarchand, qui comptent plus de dix années d'existence, se comportent encore très bien et rien ne fait prévoir une déchéance prochaine. Ce propriétaire, par son système de taille et de fumure, a presque doublé son rendement et il n'est pas prêt à revenir à l'ancienne méthode qui lui serait, dit-il, plus défavorable.

Quant à la taille dite des quarante, elle n'est ni plus ni moins que la taille de Guyot double ; elle est pour ainsi dire inconnue au Pradet.

Maladies de la vigne. Énumération. Moyens employés pour les combattre. Années d'attaques violentes.

A peine avait-on trouvé le moyen de combattre le phylloxéra par les cépages américains et par l'adaptation de plants français, que des maladies cryptogamiques et autres de tous genres venaient assaillir nos vignes et compromettre sérieusement l'existence de nos vignobles. Il fallut encore se mettre à l'œuvre pour combattre ces nouveaux ennemis.

Indépendamment de l'oïdium qui existait depuis longtemps, c'étaient le mildew, l'anthracnose ponctuée, l'anthracnose maculée, le Roncet (court-noué ou maladie du Var), le black-rot et le pourridié ; mais parmi toutes ces maladies heureusement peu développées sur notre territoire, celle qui a fait, surtout en 1895, le plus de ravage, c'est certainement le mildew, énergiquement combattu depuis par l'aspersion du sulfate de cuivre au moyen de l'appareil Vermorel.

Quant aux insectes nuisibles à la vigne, on trouve l'altise, la pyrale, la cochylis, le gribouri ou écrivain, l'attelabe ou cigareur, le ver blanc et le phitaptus.

Heureusement ces insectes ne sont pas nombreux dans nos vignobles et leurs dégâts, comparés à ceux que peuvent produire les maladies cryptogamiques dont nous venons de parler, sont relativement insignifiants.

Les arrosages d'été

Si sous notre beau climat nous avions de l'eau et de l'engrais, comme nous avons la pierre, nous obtiendrions des récoltes merveilleuses ; malheureusement l'eau nous fait défaut, il n'y a pas chez nous de rivières, par conséquent pas de canaux d'irrigation, pas d'arrosage, pas de bonne mâturité.

Aussi, à défaut de canaux, depuis longtemps a-t-on creusé des puits que l'on épuise au moyen de norias, et afin d'avoir un volume d'eau plus considérable fait-on des galeries souterraines qui conduisent leurs eaux dans le puits principal où le godet vient les prendre pour les répandre sur le sol des jardins. Mais les viticulteurs se sont dit : « Pourquoi n'arroserions-nous pas aussi nos vignes par le même procédé ? » Et ils se sont mis à capter les eaux des sources souterraines, et aujourd'hui la plupart pratiquent les arrosages d'été dont ils se trouvent bien.

C'est aussi et pour cet objet que M. Meunier a fait construire dans son jardin un vaste bassin qui est en même temps un chef-d'œuvre de l'art; que M. Lemarchand en a fait construire deux, dont un sur chaque sommet opposé de sa propriété, l'un peut contenir 600 mètres cubes d'eau et l'autre en peut donner 1.200 mètres cubes; il les remplit au moyen d'un moteur à pétrole qui met en mouvement une pompe d'élévation.

Une canalisation souterraine conduit l'eau dans toute la propriété à des bouches placées sur les hauteurs; de là elle est distribuée à volonté dans les vignes. M. Lemarchand espère, de ces arrosages pendant l'été, les plus heureux résultats.

Les vendanges. La vinification. Cuvage, pressoir et eaux.

Les vendanges ne se font pas différemment au Pradet qu'ailleurs : cueillir les raisins, les mettre dans des paniers ou dans des seaux, les verser dans la cornue où ils sont foulés au pilon ou simplement pressés à la main, puis portés dans les cuves qui sont encore ici en maçonnerie.

Cependant il y a déjà nombre de propriétaires qui ont les cuves en bois, le raisin y subit la fermentation généralement à marc flottant.

Quelques-uns le font fermenter à marc plongeant. Il en est peu, mais il en est cependant qui pratiquent l'égrappage et la réfrigération des moûts, de façon à ce que la température de la cuve ne dépasse jamais 36°. Pasteur nous a en effet appris qu'au-dessus de 40° les ferments sont détruits.

La durée de la fermentation tumultueuse est de quatre à cinq jours, alors le décuvage a lieu, ordinairement à la pompe qui est généralement employée dans notre pays, puis le marc est placé dans des pressoirs puissants, le Mabille ou l'Américain, que chaque viticulteur possède. Du marc on fait généralement de la piquette pour la consommation familiale, quelques-uns en extraient de l'alcool, mais seulement pour l'approvisionnement du ménage.

Le vin versé dans les tonneaux subit la fermentation latente ou secondaire, le houillage ou plein est ordinairement bien fait et le soutirage d'hiver, qui a lieu vers le mois de janvier, n'est jamais omis. Aussi les vins du Pradet, généralement bien fabriqués, ont une bonne tenue, une belle couleur et sont remarquables par la finesse du goût.

Comme nous l'avons déjà dit, chaque propriétaire a sa cave, sa cuve et son pressoir. L'on remarque dans nos fermes de fort belles installations de cuvage et de bonnes et puissantes presses.

Des qualités des vins du Pradet et des moyens de vente

Puisque le territoire du Pradet contient beaucoup de vignes, on peut se demander quelles sont les qualités de vin qu'elles fournissent.

La plaine donne un vin assez coloré, franc de goût, généralement bien dépouillé, pesant d'ordinaire 10 à 11 degrés, bon vin de commerce qui peut marcher seul, comme il peut servir pour le coupage. Quant au vin de nos coteaux, tout en ne diminuant en rien la valeur de notre vin de plaine dont la bonté lui vient du choix des cépages, de la nature du sol sur lequel il est recueilli et du climat sous lequel il est produit, notre vin de coteaux et de demi-coteaux surtout, est encore supérieur ; il est généralement plus clair, plus limpide, plus alcoolisé, il pèse toujours un peu plus que celui de la plaine, c'est un vin fin, sa renommée, du reste, n'est pas nouvelle : c'est le vin de Malgue. Pour peu que le viticulteur de la région méditerranéenne entre Toulon et Hyères s'occupe sérieusement de vinification, il est sûr d'obtenir facilement ce vin tant apprécié que nous venons de nommer le vin de Malgue.

C'est ce vin que donne la plus grande partie du territoire du Pradet.

Aussi nos viticulteurs n'ont-ils pas de la peine à vendre leur produit.

Il y a au Pradet déjà plusieurs négociants de vin qui en débitent une grande quantité et qui ne vont pas se pourvoir ailleurs que dans le pays même : il y a aussi plusieurs courtiers ou commissionnaires qui sont les intermédiaires entre les propriétaires et les marchands de vin du Pradet, aussi bien qu'entre les marchands de vin de Toulon et d'ailleurs. Ces courtiers se rendent tous les samedis au Café du Commerce ou à la place Armand-Valée (place d'Italie) à Toulon, et là ils traitent sur échantillons de la vente, avec les négociants.

Ce jour-là les transactions sont ordinairement nombreuses. Aujourd'hui beaucoup de propriétaires ne vendent plus leur vin en gros, profitant de la proximité de la ville de Toulon qui leur offre un débouché considérable, ils portent aux particuliers à des jours fixes, leur vin par petite quantité en fûts de 25 litres. Ce moyen n'est guère pratique pour les grands propriétaires, cependant il en est qui vendent encore de cette manière, quatre à cinq cents hectolitres de vin par an. Le plus grand nombre de propriétaires aiment mieux cependant, vendre leur vin en gros qu'au détail.

Quant à nos grandes caves, elles sont toujours écoulées,
soit par les marchands de vin de la région, soit par ceux
d'ailleurs.

*Des frais généraux et de la paye des ouvriers. Tableau
de ces frais. Produit total et par hectare en 1897
et en 1898. Conclusion.*

La culture de la vigne aujourd'hui, par les soins multiples
qu'elle réclame, est devenue très coûteuse ; le tout est de
savoir si les dépenses qu'elle occasionne sont compensées par
le produit de la vente et si les bénéfices que l'on obtient sont
rémunérateurs.

Disons tout d'abord qu'au Pradet comme ailleurs, la main-
d'œuvre se paye bien plus cher qu'autrefois.

L'ouvrier des champs qui commence sa journée, l'hiver,
à 8 heures du matin jusqu'à 5 heures du soir, et l'été, à
7 heures du matin jusqu'à 6 heures du soir. gagne 2 fr. 50
par jour l'hiver et 3 francs l'été.

Ici, malgré la proximité de la ville et des chantiers de
l'Arsenal qui emploient tant de monde, nous n'avons pas à
nous plaindre de la désertion. Le cultivateur aime son champ
et y demeure, aussi l'ouvrier fait-il moins défaut ici qu'ailleurs.

A l'époque des vendanges seulement. on est obligé d'avoir
recours aux étrangers.

La production normale de nos vignobles est, nous l'avons
dit, relativement assez considérable. Ainsi, sur une étendue
de 960 hectares au Pradet, il en est cultivé en vignes environ
500 hectares, qui ont produit en 1897, 36.000 hectolitres de
vin, ce qui fait une moyenne de 70 hectolitres par hectare ; nous avons eu des maximum de 150 et 200 hectolitres,

ce dernier par vignes en cordon et en aramon, plant peu cultivé, du reste, au Pradet.

Le tableau des frais généraux de culture que j'établis ci-dessous fera connaître l'intérêt que nos cultivateurs ont à planter la vigne dans leur champ.

TABLEAU DES FRAIS GÉNÉRAUX DE CULTURE DE LA VIGNE PAR AN
ET PAR HECTARE AU PRADET

Taille	35 fr.
Fumure (15.000 kil. à 8 francs les 1.000 kil.)	120
Culture proprement dite : 3 labours à façon à 42 fr.	126
— piochage	30
— binage	20
Traitement de l'oïdium	16
Main-d'œuvre	5
Traitement du mildew, sulfatage, 3 traitements et main-d'œuvre comprise, à 5 francs l'homme	15
Echalonage, durée moyenne des échalas : 6 ans à 70 francs le mille, 3 000 pieds par hectare, soit . .	25
Attachage	5
Vendange : personnel femmes, 10 à 1 fr. 50	15
— — hommes, 4 à 3 francs	12
Frais de transport par charrette	10
Décuvage et vinification	18
Imposition, assurance et frais divers	48
TOTAL	500 fr.

Le prix de culture à l'hectare est donc de 500 francs. Cependant dans les propriétés où l'on fait de la culture intensive, les frais s'élèvent jusqu'à 7 et 800 francs l'hectare ; i est vrai que la production est alors plus élevée et qu'elle compense largement ce surcroit de dépenses.

Si donc nous récoltons une moyenne de 70 hectolitres de vin par hectare et que nous vendions ce vin à raison de 20 francs l'hectolitre, nous aurons un rendement de $70 \times 20 = 1.400$ francs par hectare, et comme pour obtenir ces 1.400 francs nous dépensons 500 francs, il nous reste un bénéfice net de $1.400 - 500 = 900$ francs.

Si maintenant nous estimons la terre plantée, cultivée, en plein rapport, à raison de 6 ou 7.000 francs l'hectare, l'intérêt que nous donnerait cette somme placée au 5 0/0 représenterait 350 francs. Différence entre le rapport de nos terres, $900 - 350 = 550$ francs, en plus de l'intérêt rapporté par sa valeur en capital, soit un intérêt d'environ 12 0/0.

Cette année (1898), la récolte a été moins bonne qu'en 1897.

Les propriétaires, surtout ceux qui ont négligé de faire, au moment opportun, le traitement contre les maladies cryptogamiques, ont vu leurs vignobles attaqués par le mildiou et le blackrot.

Néanmoins, nos cultivateurs n'ont pas lieu de se plaindre. Indépendamment de la liberté dont ils jouissent, de l'air pur qu'ils respirent, ils ont des revenus qui les mettent non seulement à l'abri de la misère, mais qui leur permettent de faire des économies ; ils travaillent beaucoup, nous l'avons dit, et c'est une justice à leur rendre, mais au moins ils ne connaissent pas les angoisses de la lutte pour la vie que l'ouvrier des villes subit. Il est vrai que toutes les terres ne produisent pas ce que produit la terre du Pradet ; mais partout, il faut le dire, on n'y travaille pas avec le même courage, avec la même obstination, avec la même méthode d'observations.

Plus nous demandons à la terre, plus elle nous donne,

imposons-nous les sacrifices nécessaires et nous obtiendrons d'elle tout ce qu'elle peut nous donner.

Nous pouvons donc conclure que l'ouvrier des champs où qu'il soit, est plus heureux que l'ouvrier des grandes cités, car partout aujourd'hui, le cultivateur gagne largement de quoi se suffire. Or, cultiver ou faire cultiver la terre est encore la plus lucrative, la plus agréable et la plus noble des occupations, et c'est cette noble occupation à laquelle se livre la majeure partie des habitants de la nouvelle commune du Pradet qui a amené le bien être dans la population et qui fait espérer dans ce pays, un avenir toujours plus prospère.

Toulon. — Imprimerie Régionale, 56, boulevard de Strasbourg.

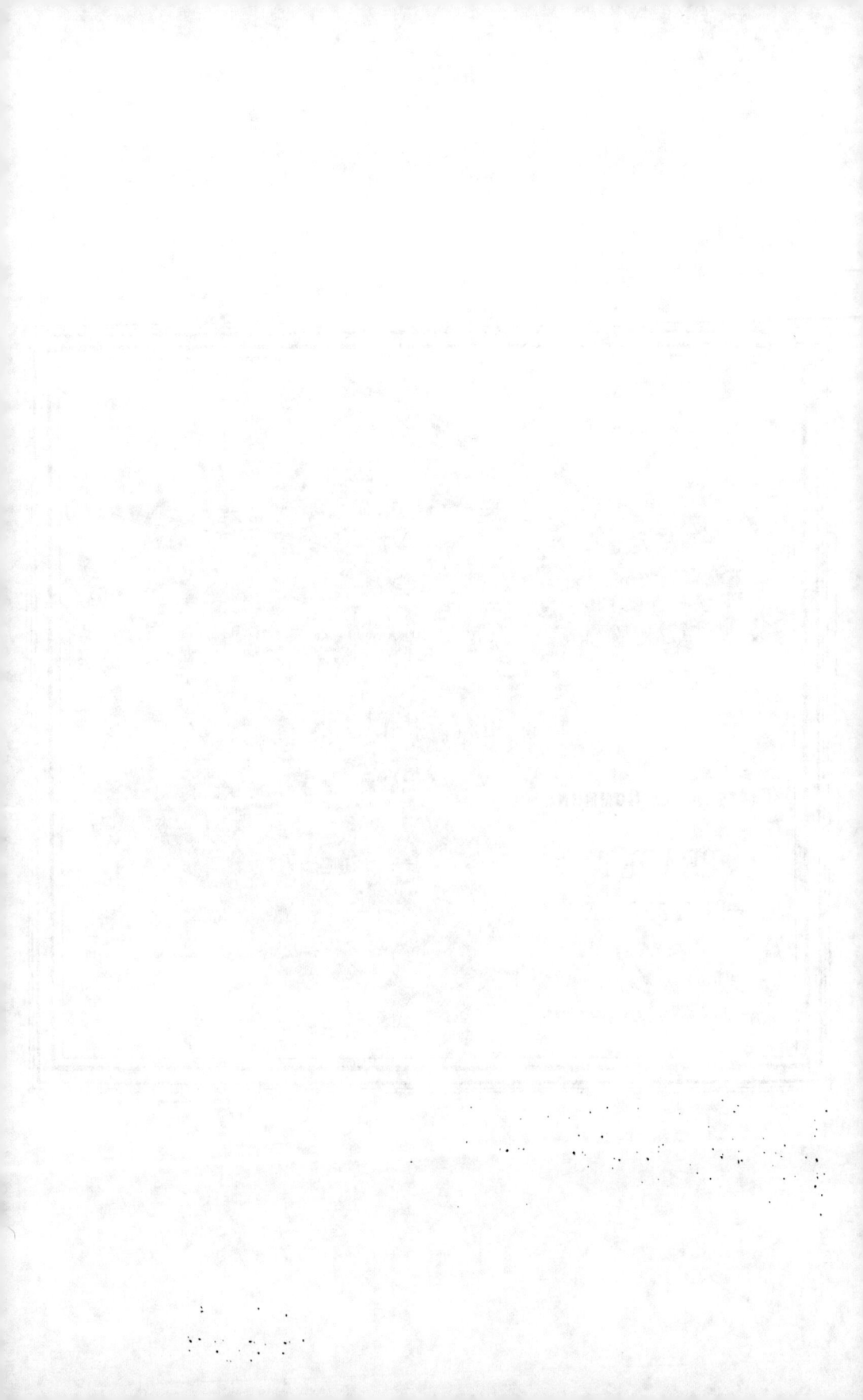

CARTE DE LA COMMUNE

DU

PRADET

par L. TREMELLAT

A l'Echelle Kilométrique

$\frac{1}{30.000}$ ou 1 millimétre pour 30 métres.

Commune de La Garde.

Commune de La Crau.

Commune de Carqueiranne

Pont de la — Bariou

l'Eygoutier

Rivière de

Route

Pont de la Clue

Batterie de Carqueiranne

La Baie

Batterie Gavarèze

Fort de la Colle noire

Colle Noire

www.ingramcontent.com/pod-product-compliance
Lightning Source LLC
La Vergne TN
LVHW022016080426
835513LV00009B/745